「バンディエラ」とは？

イタリア語で「旗手」「旗頭」を意味する言葉。サッカーにおいては、一つのクラブに長く在籍している選手のことを指し、「チームの象徴」という意味で用いられる。

Jリーグでは、元浦和レッズの山田暢久、元鹿島アントラーズの小笠原満男、元川崎フロンターレの中村憲剛などが挙げられ、柏レイソル一筋20年のプロキャリアを送った大谷秀和も、日本を代表する「バンディエラ」である。

2022年 11 月 5 日、現役ラストマッチとなるホーム日立台のピッチに立った大谷秀和【© J.LEAGUE】

プロローグ

２００６年８月19日、笠松運動公園陸上競技場。第33節終了時点で、Ｊ２リーグの首位に立つ柏レイソルは、水戸ホーリーホックとのアウェーゲームに臨んだ。

夕刻の気温は30℃を下回っていたが、湿度は91％。ナイトゲームとはいえ、ベタつくような蒸し暑さがあった。

スターティングメンバーが試合開始２時間前に発表された。

加藤慎也、小林亮、岡山一成、鎌田次郎、小林祐三、リカルジーニョ、山根巌、大谷秀和、平山智規、ディエゴ、李忠成。

キャプテンの南雄太はベンチスタート、副キャプテンの北嶋秀朗は欠場。大半が20代前半の若いメンバーで構成されたこの試合において、キャプテンマークを巻くのは一体誰だろうか。在籍11年目の平山か、ブラジル人ボランチのリカルジーニョか、日本人チーム最年長の山根か。

試合前、審判団と両チームの選手が入場してきた。左腕に赤いキャプテンマークを巻き、列の先頭でピッチに入ってきたのは大谷だった。

レイソルは第2節のザスパ草津戦に勝利してからJ2首位の座を堅持してきた。しかし、夏場には苦しい試合が続いた。6月以降のアウェーゲーム6試合は、1勝2分3敗と負け越しており、1週間前に行われたホームゲームでもサガン鳥栖に2－5と大敗していた。うだるような暑さの影響か、それとも前節の敗戦のダメージが残っているのか、レイソルの選手たちの動きは重かった。運動量が少なく、ミス絡みの不用意なボールロストが原因で立て続けにピンチを迎えた。

20分には右サイドバックの背後をホーリーホックに突かれ、折り返しを受けたアンデルソンが反転。センターバックの岡山が引き出されたゴール前のスペースには大谷が中盤から戻り、アンデルソンのシュートに対して足を伸ばした。レイソルの守備が完全にバランスを失ったこの場面、際どいシュートはポスト左に逸れた。

ハーフタイムには、ロッカールームで監督の石﨑信弘が激怒した。試合内容が悪いからではなかった。戦術の修正を施している最中に、話を聞かず、会話をしている選手がいたからだった。

普段はハーフタイムに声を荒げることのない指揮官の激昂は、選手の発奮を促した。さらに後半から入ったフランサが前線でボールを収め、タメを作り、ホーリーホックの選手を引きつけることで、前半は窮屈なプレーを強いられたディエゴが自由に動けるスペースを得た。

49分、ディエゴがフランサ、小林祐、李とのダイレクトのパス交換でテンポ良くゴール前へ突進し、利き足ではない右足のシュートをゴール右下へ流し込んだ。90分間を通じて乏しい試合内容だったが、ディエゴが挙げた1点を守りきり、レイソルは真夏の消耗戦を制した。

試合終了後、大谷はピッチの中央で整列するチームの先頭に並び、審判団、相手選手と握手を交わした。

試合前に石﨑からキャプテンを命じられたときには、気持ちが引き締まったが気負いはなかった。「南さんは、いつもなんて言ってたっけ?」。唯一困ったことは、キックオフ直前の円陣でチームにかける言葉だけだったという。

このシーズンから明神智和が付けていた7番を受け継ぎ、この試合で初めてゲームキャプテンを務めた。プロ4年目、21歳だった。

その彼が、レイソルのクラブ史上で初めて、J1リーグ優勝のシャーレを掲げるキャプテンになることを、このときはまだ知る由もなかった。

CONTENTS

CONTENTS

CONTENTS

著者／鈴木 潤
編集／多賀祐輔、髙野直樹（ベースボール・マガジン社）
装丁・デザイン／松本幸治（イエロースパー）
カバー写真／小山真司
写真／小山真司、BBM、J.LEAGUE、柏レイソル、大谷秀和
協力／柏レイソル

第1章

タイトル

J2の戦いを通じて掴んだ自信

2010年12月6日。2日前にJ2の戦いを終えたばかりの大谷秀和は、シワのないタキシードを身にまとい、東京都文京区にあるJCBホール（現・東京ドームシティホール）に来ていた。毎年12月に開催されるJリーグの表彰式『Jリーグアウォーズ』に、大谷はJ2を制した柏レイソルのキャプテンとして、監督のネルシーニョ、チームメイトの北嶋秀朗、近藤直也とともに出席し、チームを代表してスピーチをすることになっていた。

1年間のレイソルの戦いが次々と大画面に映し出され、J2優勝チームの表彰が始まった。大谷はJ2優勝のシャーレを両腕で抱えながら登壇した。司会のジョン・カビラから受けた質問に、丁寧な口調で答えていった。

「レイソルに関わる全ての人たちの最高の努力によって、このような良い結果を得られました。来年はJ1の舞台に戻りますが、来年はJ1で衝撃を与えたいと思います」

10年のリーグ戦での成績は23勝11分2敗。2位のヴァンフォーレ甲府に勝点10の差をつけてのJ2制覇だった。敗れた2試合はいずれも退場者を出した中での敗戦であり、11対11の試合では一度も負けなかった。さらに天皇杯ではヴィッセル神戸に競り勝ち、敗れたガンバ大阪戦にしても延長戦まで激戦を繰り広げ、J1チームと対等に渡り合えることを示した。J1で衝撃を与えられるだけのチーム力があると、大谷は自信を抱いていた。

11年のシーズン開幕前のサッカー専門誌における順位予想では、レイソルは昇格チームとは思えないほど高い評価を得た。09年にはサンフレッチェ広島が、10年にはセレッソ大阪が、J1昇格1年目でAFCチャンピオンズリーグ（ACL）の出場権を獲得したことも、レイソルの評価を高める追い風になった。

J2の戦いを通じて掴んだ確かな自信を、大谷は11年のリーグ戦開幕前のインタビューで公言している。

「レイソルが優勝するチームになるためには、今年ギリギリで残留するようでは話にならない。サッカーはミスの多いスポーツだけど、ミスをして消極的になるのが降格するチームだと思う。でも去年から、みんながミスを恐れず積極的にプレーできている」

11年3月5日。レイソルはJ1復帰初戦を迎えた。開幕戦の相手は清水エスパルスである。「J2を独走し、J1でも中位以上を狙える」「ACL出場権獲得も可能」。そう囃し立てるメディアの前評判が正しいのか、その実力を推し量るには前年J1で6位のエスパルスは絶好の相手と言えた。

レイソルのシーズン初ゴールを決めたのは、ブラジルの名門サンパウロから鳴り物入りで加入したジョルジ・ワグネルだった。21分、鮮やかな左足のフリーキックを決めて〝優勝請負人〟という二つ名が大袈裟ではないことを示す。65分にはセットプレーの流れからパク・ドンヒョクが追加点を奪い、68分にも中央を切り裂く高速カウンターでレアンドロ・ドミンゲスがダメ押しの3点目を挙げ、勝利を決定づけた。

3－0の快勝。上出来の開幕戦に、大谷も「全員が去年からやってきたサッカーに自信を持っていたし、気負わずにプレーできた結果が、今日の勝利に表れた」と充実の表情を見せた。

健全なポジション争いと、納得のスタメン落ち

3月11日、東北地方太平洋沖地震により、東北地方をはじめ、北関東や千葉県沿岸部が甚大な被害を被った。

レイソルのチーム一行は12日に予定されていたセレッソとの試合のため、大阪へ向かう新幹線の車内で地震に遭った。およそ1日がかりで柏へ戻った選手たちに伝えられたのは、Jリーグの

一時中断だった。

それから約1カ月半後の4月23日にリーグ戦が再開。雨の降りしきるNACK5スタジアム大宮で、大谷は「こうしてサッカーができることは、決して当たり前ではない」という思いを胸に刻み、再開初戦のピッチに立った。レイソルは、エースのレアンドロによる決勝点で大宮アルディージャを1－0で退けた。

レイソルの快進撃はその後も続いた。開幕からの10試合は7勝1分2敗。勝利を重ねるたびに、前年から積み上げてきた自信はより大きく膨らんでいった。

当時の強さを育んだもの、それは健全なポジション争いである。試合で活躍したからといって、ポジションが確約されるわけではなく、試合が終われば、また次の試合へ向けて新たな競争が始まる。その週の練習で好プレーを見せた18人が、週末の試合に出場する権利を得る。スタメンを勝ち取った選手は、ポジションを奪われないように練習から結果を残すことに貪欲になり、サブの選手はメンバーから外れたとしても絶対に準備を怠らず、出番が巡ってきたときにライバルの選手を上回る活躍を見せて序列を変えようとする。それを北嶋や安英学のようなキャリアのある選手が率先して行動へと移すのだから、若手や中堅も甘いことを言っていられない。

こうした熾烈なポジション争いは、自ずとチーム力の底上げを促した。

「同じポジションの選手のマイナス部分を探すのではなくて、それぞれが競争相手の良い部分を見ながら自分にない部分を学んだり、何かを得ようとして日々練習に取り組んでいる。試合に出ていないからといってチームの輪を乱すような行動をする選手もいないし、金曜日までは競争して練習でガツガツいくけど、試合になったら仲間としてしっかりサポートする。全員が『チームのために』という思いを持って試合を迎えて、試合に出る、出ないに関係なく、全員で戦うという意識がある」

そう言う大谷も「自分のプレーが上手くいっていない」と感じたときはスタメンから外れた。

7月27日、ヤマザキナビスコカップ（現・YBCルヴァンカップ）のベガルタ仙台戦で負傷した大谷は、このケガの影響で夏場に入って調子を落としていた。幸いケガ自体は軽傷だったものの、練習では味方へのパスが微妙にずれ、球際のアプローチでも踏み込みが甘くボールを奪い取れない。ある日の練習後、大谷はネルシーニョに呼ばれた。

「本来のプレーができていないぞ。自分ではどう思う？」

「俺もそう思います」

指揮官は調子の悪さを見抜いていた。そして、大谷は第19節・ベガルタ戦から3試合連続でスタメンから外れることになる。「監督から言われた意見と自分の感覚が一致していたから、外れることに関してネガティブな感情はなかった」と自身も納得のスタメン落ちだった。

成功体験の積み重ねがメンタリティーを変える

8月28日、第24節・川崎フロンターレ戦。この試合でも大谷はベンチからのスタートになった。その4日前、ガンバ大阪との上位直接対決に敗れたレイソルは、その敗戦の影響からか低調なパフォーマンスを続け、後半立ち上がりの連続失点によってフロンターレに2点のリードを奪われた。

58分、ネルシーニョはジョルジに代えて澤昌克、栗澤僚一に代えて大谷を投入する。大谷が途中から試合に入る場合は、その時点のスコアに関係なく中盤で試合をコントロールするタスクが与えられる。この試合でも2点のビハインドがありながら、ネルシーニョはFWの選手ではなく、「茨田（陽生）とともに中盤を構築してほしい」という意図で大谷をピッチへ送り出した。

ここはホーム日立台。1点を返せば、必ず流れはこちらに向く。だが、得点を欲するあまり全体がバランスを崩し、3点目を奪われてしまえば途端に逆転は難しくなる。

「まだ時間はある。前がかりになりすぎるな」

ピッチに入った大谷は茨田に指示を送り、攻守のバランスを意識させ、セカンドボールの回収を徹底させた。

大谷と茨田がセカンドボールを回収し、運動量のある澤が幅広く動くことでレアンドロへのマークが緩くなった。試合の流れはレイソルに傾き始めた。すると、61分に工藤壮人が、73分と78分には田中順也が得点を決めた。2点のビハインドをひっくり返す逆転劇。真夏の夜空にレイソルサポーターの歌声が高らかに響き渡った。

レイソルの3点は大谷、茨田のボランチコンビのどちらかを起点に生まれたものだった。中盤でバランスを取り続けることがいかに大切か、身をもって知った茨田は試合後、「勉強になった」と語り、ケガで欠場していた北嶋は「タニ（大谷）が入って試合が落ち着いたね」と勝因を口にした。

続く第25節・名古屋グランパス戦も逆転勝利を飾り、第28節ではそれまでリーグ戦では一度も勝てていなかった〝鬼門〟のカシマサッカースタジアムで、退場者を出しながら鹿島アントラーズを1－0で撃破した。夏場にやや調子を落としていた大谷も、9月に入ると本来の感覚を取り戻し、スタメンに返り咲いた。

2点差を逆転したフロンターレ戦を含め、グランパス戦やアントラーズ戦など、劇的勝利という成功体験の積み重ねは、チームのメンタリティーを筋金入りへと変えていった。大谷はこう言う。

「試合を90分で考えることができていたから、たとえ前半の出来が悪くて先制されたとしても、『90分が終わったときに勝っていればいい』という考え方をみんなが持って戦えていた」

失点しても動じない。最終的に相手より1点多く取っていればいい。シーズンが佳境を迎えると、チームに備わったそんなマインドは絶大な効果を発揮し、戴冠への道筋を導き出していった。

優勝を意識させた7度目の逆転勝利

11月20日、澄みきった秋の青空の下でスタンドを埋めたオレンジと、アウェー側のゴール裏に陣取る一面の黄色が映える。アウトソーシングスタジアム日本平（現・IAIスタジアム日本平）で行われた第32節は、ホーム9戦無敗と日本平では絶対の自信を持つエスパルスと、開幕戦以来の対戦となった。

一方的な劣勢を強いられたわけではない。だが明らかにレイソルのリズムではなかった。

「マークがはっきりしない。ボールの奪いどころが低くて、前へ運べない」

大谷はやりづらさを感じていた。カルフィン・ヨン・ア・ピン、枝村匠馬、フレドリック・ユングベリ、流動的に動くこの中盤3人に両翼の大前元紀とアレックスが絡むエスパルスの攻撃に、レイソルの守備は的を絞れなかった。

ネルシーニョは工藤とジョルジのポジションを入れ替え、ジョルジにヨン・ア・ピンへのマークを命じた。大谷もピッチ上で栗澤、ジョルジとコミュニケーションを取り、3人の立ち位置をわずかに変えて状況打開を試みた。しかし、エスパルスペースの流れは変わらなかった。

前半終了間際、元スウェーデン代表で、かつてはアーセナル（イングランド）でも活躍したユングベリのキレのあるターンによって入れ替わってしまった栗澤が、たまらず手を使って引き倒す。栗澤にはイエローカードが提示され、エスパルスにフリーキックが与えられた。30メートル以上はあろうかというフリーキックで、左足を振ったボスナーの低い弾道のシュートが、ゴールを守るGK菅野孝憲の手元を射抜いた。

1点ビハインドで迎えたハーフタイムに、ネルシーニョは北嶋に替えて澤、栗澤に替えて茨田を投入することを告げ、守備時のポジショニング修正を施した。この日の気温は25℃を超え、晩秋とは思えぬ暑さだった。選手たちはタオルで溢れ出る汗を拭い、水分補給をしながら指揮官の話に耳を傾けた。負けてはいるが、下を向く者は誰もいなかった。

シーズンを通じて、ここまで6度の逆転勝利があった。フロンターレ戦では2点差をひっくり返し、グランパスとの上位直接対決も逆転で制した。このエスパルス戦の2節前にも、レイソルが長年苦手にしてきたスタジアム、広島ビッグアーチ（現・エディオンスタジアム広島）でサンフレッチェを逆転で下していた。

ロッカーアウトになり、ピッチへ出ていく選手たちが感じていたもの、それは焦燥感ではなく、「45分間で2点を取れば勝てる」という、数々の劣勢を跳ね返してきたことで培われた揺るぎない自信だった。後半は茨田がパスでリズムを作り、澤の縦横無尽の動きがエスパルスの守備をかく乱しつつ、レアンドロとジョルジへのマークを澤が引き受けることで、両ブラジル人選手が自由に動けるスペースを得た。

62分、ジョルジの左コーナーキックをレアンドロが折り返し、低いボールに身を屈めながら頭で合わせた工藤がゴール右下へ流し込んだ。なおも攻勢を仕掛けるレイソルは、80分過ぎに田中、澤、ジョルジが立て続けに決定機を迎えるが、いずれのシュートもネットを揺らすには至らない。もどかしい時間が続いた。

この時間帯、センターバックの近藤は「決定機を外していても、チャンスは作れているとポジティブに考えていた。どこかで点を取ってくれると思っていたから、後ろとしては失点しないことを考えていた」と振り返っている。同じく大谷も、そのまま1－1で終わったとしても、首位をキープできる状況とあって「勝点1は悪くない結果」と割り切り、中盤と最終ラインにリスク管理を徹底させた。

85分、パク・ドンヒョクのロングフィードを田中が前線で収め、背後のスペースへ抜け出したジョルジが放った強烈な左足シュートはGK山本海人に弾き返された。だが、そのセカンドボールをファーサイドにいたレアンドロが渾身の力を込め、ヘディングで押し込んだ。後日、チームメイトから「ニーヤン（レアンドロ）の背筋やべえ」と言われた驚愕の一撃は、シーズン7度目の逆転勝利を呼ぶ決勝点となった。

ピタリと追走する2位のグランパスに勝点3差をつけたまま、レイソルは首位の座を堅持した。ロッカールームでは、奇声にも似た歓喜の声を上げながら、選手とスタッフがハイタッチをして勝利の喜びを分かち合った。自力優勝の可能性を手放さなかった選手たちに向かって、ネルシーニョが口を開いた。

「あと勝点4を取れば、我々がチャンピオンだ」

指揮官の言葉は、これまで目の前の試合だけに集中してきた選手たちの心に強烈に響いた。大谷が本当の意味で優勝を意識したのも、このときだった。

どのチームも初優勝は必ず通る道

週が明け、第33節・セレッソ戦へ向けた練習が始まった。週初めは午前と午後の2部練習だったが、エスパルス戦に出場した選手は午後練のみ。メニューもリカバリーの内容だった。

そんなチームのルーティンは、これまでと何も変わっていない。変わったのは選手を取り巻くメディアの方である。普段は4、5人しか足を運ばない日立台の練習場に、この日はペン記者、テレビクルー、カメラマンを合わせて50人近いメディアが取材に訪れ、クラブハウス周辺と練習場は人ごみでごった返していた。

第32節を終えて単独首位。2位グランパスと3位ガンバの結果次第では、次節にも優勝が決まる。開幕前にレイソルの上位進出を予想する者はいたが、まさか優勝するとは思っていなかったのだろう。それまでレイソルの取材をしてこなかった新聞各紙やテレビ局は、快挙達成に備えてネタ探しに奔走し、練習後には大勢の記者が主力選手たちを囲んだ。

しかし、プレッシャーを理由に優勝に懐疑的だった記者も少なくなかった。通称「ぶら下がり」と呼ばれる囲み取材では、「グランパスやガンバに比べると優勝経験のある選手がほとんどいません。優勝争いのプレッシャーに耐えられないのではないでしょうか？」という質問が選手たちに投げかけられた。もちろん大谷に対しても、である。

「残留争いのプレッシャーに比べたら大したことありません。優勝争いなので、心地良いプレッシャーです」

05年と09年にJ2降格を経験し、あの重苦しいプレッシャーの中で戦った大谷にとっては、優勝争いは充実感に満ち溢れ、プロサッカー選手としてこの上ない喜びを感じていた。もちろん重圧はあるが、そこにネガティブな感情はなかった。

「それに、どのチームでも初優勝は必ず通る道ですからね」

キャプテンとして見せた真摯な振る舞いと余裕のある表情が、言葉によりいっそうの説得力を持たせた。

2試合で勝点4を取ること

11月26日、第33節・セレッソ戦。燦然と輝くJリーグのシャーレが日立柏サッカー場（現・三協フロンテア柏スタジアム）にやってきた。選手入場時の『やってやれ』というバックスタンド側のコレオグラフィーが、高揚感をさらに煽っていた。

レイソルのベンチ前に群がるカメラマンの前で集合写真を撮り終え、大谷はコイントスのため審判団が並ぶ中央へ歩みを進めた。セレッソのキャプテン、茂庭照幸が笑みを見せながら大谷に言葉をかける。

「緊張してる？」

「いや、してないです」

「顔が引き攣ってるよ」

「大丈夫ですよ」

大谷と茂庭は笑顔で握手を交わした。レイソルのキックオフで試合が始まった。

「選手たちの勝ちたい気持ちが強く、守備がルーズになっていた」。これは前半を振り返ったネルシーニョの言葉である。優勝の懸かる大一番とあって、中には普段とは異なるテンションやメンタリティーで試合に入った選手もいたことだろう。実際に21歳の工藤は「いつもとは違う緊張があった」と、試合後に心境を語っていた。

したがって、48分にセットプレーからセレッソに先制を許したのも、チームの微妙なメンタルの変化が影響したのかもしれない。他会場では、グランパスがモンテディオ山形に3－0、ガンバがベガルタに1－0と、ライバルチームはともにリードしていた。このまま敗れればライバルチームに追い抜かれ、自力優勝の可能性が消滅する。

すぐにネルシーニョが動いた。パク・ドンヒョクを水野晃樹に替えて右サイドバックに置き、U－22日本代表招集で不在の酒井宏樹に代わって右サイドバックを務めていた増嶋竜也をセンターバックへスライドさせた。他会場の途中経過は選手に知らされていなかったが、水野の投入は「点を取りにいけ」という指揮官からの明確なメッセージが込められていた。

水野のドリブルは停滞していた流れを一変させた。水野が放った会心のミドルシュートはGKキム・ジンヒョンの好セーブに阻まれ、田中の右足シュートはポストを叩いたが、チャンスが続くレイソルの波状攻撃に得点の予感が漂った。

65分、ボールを奪った水野がライン際で縦に仕掛ける。相手DFにクリアされ、ラインを割ったボールを拾った水野は、間髪入れずにゴール前へロングスローを送った。増嶋がヘッドですらし、田中が右足で落とす。レアンドロの鞭のようにしならせた左足が、千金の1点を生んだ。チケット完売のホーム日立台。ネットが揺れた瞬間、黄色く染まったスタンドは沸点に達し、最高潮の盛り上がりを見せた。

7度の逆転勝利を見てきたサポーターが、8度目を期待するのは当然の流れである。ましてや優勝を最終節に持ち越すのではなく、ホームで決めてほしいと、レイソルのサポーターなら誰もがそう願った。

同点に追いついた直後、大谷は中盤の攻防で倉田秋からボールを奪い取った。セレッソのライン間は間伸びし、中央にはスペースがある。大谷は一旦ボールを前へ運び、レアンドロに預けた。パスを受けた10番はドリブルを開始し、ジョルジ、工藤、田中らアタッカーは大声量のチャントを歌うレイソルサポーターに引き寄せられるようにゴール前へ入っていった。レイソル攻撃陣の前へ出ていく姿勢と、サポーターの迫力ある声量に押され、セレッソのラインは下がった。彼らはレイソルの攻撃に対して受け身になっていた。

スタジアムを取り巻くボルテージは最高潮にあったが、大谷は冷静に戦況を見つめていた。試合前から、大谷の頭の中にあったのは「今日勝って優勝を決める」という考えではなく、「2試合で勝点4を取ること」である。押せ押せムードの中、攻撃陣が積極的に得点を奪いにいくのは構わない。それで勝利を手にできればいいが、引き分けたとしても自力優勝の可能性は残る。それよりもこの試合を落とし、自力優勝の可能性を手放すことは絶対に避けなければならなかった。だからこそ中盤から後ろの選手は雰囲気に飲まれることなく、全体のバランスを意識しながら冷静に試合を運ぶ必要があった。

以前は「前がかりになりすぎるな」という指示が必要だった茨田も、大谷の意図を察して高くなりすぎないポジションを取った。シーズンを通じて何度も同じようなシチュエーションがあり、その都度、勝利を手繰り寄せてきた巧みなゲームコントロール。それが最も発揮されたのは、このセレッソ戦だと大谷は言う。

レイソルの嵐のような猛攻をセレッソは耐え続け、試合終了を告げる村上伸次主審の笛が鳴り響いた。ホームで優勝を願うサポーターにとっては「勝てなかった」という思いが強かったのだろう。大歓声はホイッスルと同時にため息となり、そして静寂へと変わった。

ただ大谷は、2試合で必要な勝点4のうち1を獲得したことで、試合終了時には「あと勝点3で優勝だ」というマインドになっていた。

超満員の敵地で迎えた運命の最終節

最終節の浦和レッズ戦前日、普段と何も変わらない雰囲気の中でトレーニングは行われた。グラウンドから引き上げてきた大谷は、優勝を懸けた大一番に向けて、その思いを口にした。

「監督からはっきりと、最後の2試合で勝点4を取ればチャンピオンだと言われていますから、勝点4のうちの1を取ったセレッソ戦は価値のある試合でした。しっかりとリスクマネジメントしていれば、相手はリズムに乗れず、自分たちの良い雰囲気のまま試合を進められる。そこは監督からの指示を待つだけでは間に合わない部分もあるので、ボランチの選手が主導権を握り、考えながらプレーしていきます」

12月3日。午前中から降り続いた雨は14時過ぎには上がり、空には晴れ間がのぞいた。前泊していたさいたま市内のホテルから決戦の地、埼玉スタジアムへ向かうバスの車内でのチームの雰囲気は落ち着いていた。セレッソ戦で優勝の懸かる試合を経験したからなのか、浮き足立つ選手もいなければ、過度に緊張している選手もいない。大谷も「早く試合がしたい」という高揚感を抱いていた。

「舞台は整った」

試合前のミーティング、ネルシーニョはこの言葉で選手をピッチへと送り出した。

対戦相手のレッズにとってはホーム最終戦である。チケットは数日前に完売していた。優勝を望むレイソルサポーターも大挙して押し寄せたとはいえ、スタンドの大半を埋めるのは、赤いユニフォームを着たレッズのサポーターだ。レイソルの選手たちにも「チケット完売」は事前に知らされていた。同時に「(満員の埼玉スタジアムで)レイソルにプレッシャーを与えられる」というレッズ側のコメントも耳に入っていた。

埼玉スタジアムのチケットが完売になったのは09年以来と聞いていた大谷は、レッズの選手のコメントに違和感を抱いた。

「2009年以来だと、若手や新加入の選手は満員の埼玉スタジアムを知らないはず。うちらじゃなくて相手の方が硬くなるんじゃないか」

5万4441人の大観衆の中、15時35分に試合が開始された。立ち上がりから躍動感溢れるプレーを見せるレイソルは、案の定、硬さの見えるレッズを圧倒した。29分、左コーナーキックの流れからジョルジが左足の強烈なシュートでゴールをこじ開け、38分にはゴール前の混戦から橋本和が決めて、前半で2点のリードを奪った。前半のシュート数は、レイソルの17本に対してレッズは0本。完璧な試合運びだった。

初戴冠へ向けたカウントダウン

ハーフタイムのロッカールームで、ネルシーニョは「守りに入るな。我々のスタンダードのまま いくぞ」と指示を出した。「まだ何も決まったわけではない」と選手同士も声をかけ合い、互いを鼓舞した。

前半の内容とスコアを受けて、先に動いたのはレッズである。山田直輝に替わって後半開始からピッチに立った原一樹が前線で起点を作り、それに連動した柏木陽介、原口元気が積極的に前線へ飛び出していく。戦い方を変えたレッズの反撃を浴びたレイソルは、53分に平川忠亮のシンプルなクロスに合わせた柏木に決められ、1点を返された。

傍目には、優勝を意識したことで後半の入り方を誤った、もしくは油断や隙が生じたといった見方をされてもおかしくはないが、大谷はこの状況を「サッカーではよくあること」と受け止め、「まずは5分、10分を我慢して耐える。そうすれば試合は落ち着く」と考えていた。重要なのは1点差に詰め寄られたこの状況を、いかにしてコントロールするか。失点の直後に大谷は手を叩いて味方を鼓舞したが、彼が見た限りでは他の選手たちに動揺した様子は見られなかった。今、この状況で一人ひとりが何をするべきかを、チームの共通認識としてピッチに立っていた全員が理解していると感じた。

失点後にレイソルは2つのカウンターを受けた。ともにレイソルのコーナーキックが相手ボールになり、センターバックの近藤と増嶋が戻りきらないうちに背後のスペースを突かれたスピーディーな攻撃だった。ここで大谷の的確な予測と判断が光った。GK加藤順大からボールが出た瞬間、1本目は梅崎司、2本目はマルシオ・リシャルデスに寄せ、大谷はこのカウンターを2つとも防いだ。

大谷の読みどおり、失点以降の10分間を耐えると試合は落ち着いた。レッズの勢いに陰りが見え始め、流れはどちらのものとも言えないこう着状態へ。時計の針を進めたいレイソルにとっては、むしろ好都合だった。

76分、スペースへ抜け出した澤がマーカーの坪井慶介を反転して振り切った。シュートはGK加藤に阻まれたが、レイソルがコーナーキックを獲得した。レアンドロがゆっくりとボールをセットする際、茨田はレッズの前線に残るマゾーラの位置を気にしながら慎重にポジションを取った。大谷が防いだレッズのカウンター、その発端は2つともレイソルのコーナーキックだった。このコーナーキックでも、攻守が切り替わった瞬間にスピードのあるマゾーラを使ったカウンターに出てくると予測し、警戒心を強めた茨田はセカンドボールに全神経を集中させた。

レアンドロが蹴ったコーナーキックを相手DFがクリアすると、ボールが茨田のもとへ転がってきた。セーフティーに「シュートで攻撃を終わらせる」という定石どおりに、そして雨が降ってスリッピーなピッチ状況を活かすため、バウンドさせることを意識して放った茨田のシュートが不規則な回転を引き起こした。キャッチを試みたGK加藤の手元からこぼれ落ちたボールは、大きくバウンドしてゴールへ吸い込まれた。

3－1。試合終盤の大きな追加点。ジョルジに抱きつかれてピッチに倒れ込んだ茨田を、大谷も手荒く祝福した。ベンチでは選手、スタッフが抱き合って喜び、アウェー側ゴール裏の黄色いサポーターも波のようにうねりを上げていた。初戴冠へ向け、いよいよカウントダウンが始まった。

この喜びを何度でも味わいたい

アディショナルタイムの3分が経過し、吉田寿光主審のホイッスルが鳴り響いた。

大谷はピッチ中央で膝をつき、両拳を突き上げて雄叫びを上げた。大谷のもとへ近藤、増嶋、菅野ら守備陣が歩み寄る。偉業を成し遂げた仲間と歓喜の抱擁をかわした。

「ヘイ！　ヘイ！　ヘイ！　ヘイ！」

菅野が大きく手招きをし、ベンチメンバーとメンバー外の選手をピッチ内へ呼び寄せた。続々と選手がピッチ内になだれ込み、いたるところで歓喜の輪が出来上がった。満面の笑みで大はしゃぎをする者、目を潤ませる者、喜び方はそれぞれだったが、最高の仲間と飛び跳ねながら優勝の喜びを爆発させた大谷は、心底こう思った。

「このチームで優勝できてよかった」

優勝セレモニーで、キャプテンの大谷はシャーレを掲げる大役を任された。大東和美Jリーグチェアマンからシャーレを手渡され、ズシリとした重みを感じた。そして仲間とサポーターの声に煽られ、高々とシャーレを掲げた。最も優勝を実感した瞬間だった。

ピッチ脇でセレモニーを見ていたメンバー外の選手やスタッフが加わり、『CHAMPIONS』と書かれたボードを前に優勝の記念撮影の準備に入る。

「クラさん！」

大谷が呼んだのは藏川洋平である。レイソルが初めてJ2を戦った06年の加入以来、6シーズンにわたって大谷と苦楽をともにし、苦しいときにはその無邪気なキャラクターでチームを盛り上げてくれた存在だ。大谷は、11年シーズン限りでの退団が決まっている34歳のベテランを呼び、シャーレを手渡した。藏川は彼らしくおどけながらシャーレを掲げた。

セレモニーを終え、ロッカールームに引き上げたあとも、選手たちは互いに喜びを分かち合った。前年のJ2優勝を除けば、大谷にとってもアカデミー時代から通じて、レイソルで獲得した初めてのタイトルである。初優勝の味と、「昇格1年目でJ1制覇」というJリーグ史上初の偉業を成し遂げたことに対する充実感があった。しかし、昂った気持ちが次第に鎮まると、この喜びを何度でも味わいたい、また優勝したい、そんな欲求が沸き上がってきた。

埼玉スタジアムのミックスゾーンに出ていくと、大谷がそれまで見たこともないおびただしい数の報道陣が、レイソルの選手たちを待ち構えていた。テレビカメラの前でコメントをしたあとは、大勢のペン記者に囲まれた。大谷は優勝直後の思いをメディアの前で語った。

「常に上を狙っていましたし、自分たちが『優勝する』と言うのを躊躇するようでは、最後の最後に良い結果は来ないと思っていました。選手たちは覚悟を持って、勝つチーム、優勝に相応しいチームになろうとやってきました。開幕戦で自分たちのサッカーが通用して勝てるという自信を掴んだので、優勝する上では開幕戦の勝利が大きかったです」

スタジアムでの取材を終えると、日立柏サッカー場で行われる優勝報告会のため、選手たちは急いでバスに乗り込み、柏へ向かった。

バスの車内では、友人や知人から送られてくる携帯メールが止まなかった。その一つひとつに目を通し、大谷は優勝の余韻に浸っていた。日立台への到着が目前に迫ったところで、大谷はまた一つ、優勝がもたらす景色を目にした。つい数時間前まで、埼玉スタジアムで自分たちを応援してくれていた大勢のレイソルサポーターが、日立台公園の交差点で選手の乗るバスを出迎えてくれたのである。

笑顔が弾ける大勢のサポーターの声援と大きな拍手。レイソルの選手たちは「すごい人だな！」と皆が驚き、バスの車内から手を振って声援に応えた。驚きの光景に、大谷も応援されることの幸せを噛み締めていた。

タイトルを取ることで得られる変化

クラブ初のリーグ優勝は、同時に初めて味わう忙しさをもたらした。

埼玉スタジアムから柏へ戻り、日立柏サッカー場で優勝報告会が行われたあとは、寒空の下でビールかけを行い、続いて雑誌やテレビの取材を受けた。スタジアム内の各部屋に臨時のブースが設けられ、次々と取材をこなしていった。大谷、北嶋、酒井ら主力選手数人は、深夜2時過ぎまで取材対応に追われていた。

大谷たちが取材を受けている頃、他の選手たちは一足先にスタジアムをあとにし、祝勝会を開いていた。翌日の練習はオフ。ただ、午前10時から柏駅前で優勝報告会が予定されていた。深夜に取材を終えた大谷は、祝勝会の店内にいる選手と連絡を取った。

「そっちはどんな感じ？」

「明日も早いから、そろそろ終わりに……」

そんなやり取りが交わされ、祝勝会をお開きにするという意見もちらほらと出ていた。それを聞いた北嶋が言い放った。

「優勝した日に朝まで飲めない奴はダメだ！」

この一言で、大谷と北嶋の到着後も祝勝会は続いた。明け方に店を出た選手一行はクラブハウスへ戻り、トレーナールームで雑魚寝をしてから、全員が寝不足のまま柏駅へ向かった。

柏駅西口ロータリーは立錐の余地もなかった。駅前優勝報告会には約８０００人のレイソルサポーターが集まった。優勝の余韻は、たった一晩では柏の街から消えることはなかった。

のちに大谷はタイトルを取ることで得られる変化を、こう語った。

「タイトルを取ることは、その瞬間の喜びも大きいけど、そのあとにチームの意識が変わったり、選手の意識が変わったり、サポーターの意識が変わることが大きい。タイトルを取る前とあとでは、その意識は全然違うし、『タイトルを取るというのは、こういうことなんだ』というのを経験すると、もう一度あの景色を見たい、またみんなと喜びたいという感情が溢れ出てくる。優勝をもう一回味わうために何をしなければいけないのか、それを選手は理解する。タイトルは、そういう変化を与えてくれる」

12月5日、横浜アリーナで開催されたJリーグアウォーズに、前年同様、大谷はタキシードを着て出席した。1年前と大きく異なるのは、レイソルはJ1優勝チームであり、全選手、全コーチングスタッフが出席したことである。

日本サッカー協会の小倉純二会長から会長杯を受け取った大谷は、壇上で司会を務める元NHKアナウンサーの山本浩からインタビューを受けた。

「去年、J2からJ1に上がって優勝すると話していました。開幕からその気概で突っ走りましたか？」

「昨年のこの場で、『J1で衝撃を与えたい』ということを話しましたが、これ以上ない衝撃を与えることができたと思います」

「最終節はものすごい集中力で戦っていたのではないですか？」

「全員が気持ちを一つにして、優勝するために必死にやっていたので、それがああいうゲームになったと思います」

「優勝の瞬間から時間が経ちましたが、実感は出てきましたか？」

「日に日に出ていますけど、すぐ（FIFAクラブワールドカップの）試合があるので、それに向けてまた良い準備をしようとしています」

11年のクラブワールドカップは日本で開催され、Ｊ１王者のレイソルは開催国枠として出場することになった。大谷の視線は、すでに3日後に始まるクラブワールドカップに向けられていた。そこにはリオネル・メッシを擁するバルセロナ（スペイン）や、ネイマールが所属するサントス（ブラジル）も出場する。Ｊ１優勝のタイトルは、レイソルに国際大会という未知の領域をも与えてくれた。

2011年 12 月 3 日、レイソルは埼玉スタジアムで浦和レッズを3-1 で下し、史上初となる J1 昇格 1 年目での優勝を達成。キャプテンの大谷が高々とシャーレを掲げた【© BBM】

第2章

レイツルへ

華やかなプロの世界への憧れ

千葉県北西部に位置する流山市は、柏市や松戸市と隣接し、江戸川を隔てた埼玉県との県境にある。江戸川沿いの流山本町は、江戸時代より白みりん発祥の地として栄え、みりんの街としての伝統は今もなお受け継がれている。

また、慶応4年（1868年）には鳥羽・伏見の戦いに敗れた新撰組の近藤勇が流山で最後の陣営を敷いた。こうした歴史的背景もあり、市役所周辺には多くの史跡、神社、仏閣があり、江戸川沿いには風情のある街並みが続いている。

市内にはJR常磐線、JR武蔵野線、東武アーバンパークライン、流鉄流山線に加え、2005年のつくばエクスプレスの開通に伴い、流山おおたかの森駅が開業。秋葉原駅まで約20分と利便性が格段に高まった。2年後の07年には流山おおたかの森駅前に大型商業施設が誕生し、周辺には若いファミリー層向けのマンションや住宅が建設されていった。

市からの手厚い子育て支援や教育環境の整備もあり、近年は県外、市外からの転入者が急増している。30代から40代の年齢層を中心に人口が増え、令和3年には人口が20万人を超えた。人口増加率は全国でもトップクラスで、「住みたい街ランキング」では流山市は必ず上位にランクインされている。

大谷は、そんな流山市の出身である。1984年11月6日に生まれた大谷は、流山市ですくすくと育っていった。近所には同年代の子どもが多く、友だちと毎日野球やサッカーをして遊ぶ活発な幼少期を過ごしていた。

小学校入学を機に本格的にスポーツを始めるため、大谷は親に連れられて地元のスポーツクラブの体験入部へ赴いた。サッカーか野球か、2つの選択肢があった。小学生の頃は読売ジャイアンツの下敷きを愛用し、東京ドームへプロ野球の試合観戦に行くなど、野球にも興味はあった。ただ、小学4年生にならないと試合に出られない野球に対し、サッカーは小学1年生の大会があるため、すぐに試合に出られるという話を聞いた。大谷はサッカーを選び、地元の初石少年サッカークラブへの入団を決めた。

大谷が小学3年生だった93年にJリーグが開幕した。5月15日、国立競技場で行われたヴェルディ川崎と横浜マリノスとの開幕戦を、テレビの前で食い入るように見ていた。大谷もまた、大勢のサッカー少年の例に漏れることなく、ヴェルディの三浦知良、ラモス瑠偉、マリノスの井原正巳ら日本代表に名を連ねるスター選手に憧れを抱いていた。

大谷が小学生時代を過ごした90年代前半から半ばにかけては、空前のJリーグブームが巻き起こっていた。どの対戦カードでもチケットは即完売し、スタジアムは常に満員だった。Ｊリーグ関連の様々なグッズが商品化され、月刊誌だったサッカー専門誌は週刊誌へと変わった。Ｊリーグの開催日には必ず民放各局で試合の生中継があり、その試合やハイライトをビデオに録画して繰り返し見ながら、少年時代の大谷はプロという華やかな世界に思いを馳せていた。

プロと同じ黄色いユニフォームを着た少年たち

大谷が住む流山市と隣接する柏市に、『柏レイソル』というプロサッカークラブがあることを知ったのも、その頃だった。イタリアの名門ナポリからブラジル代表ＦＷカレカを加えたレイソルは、Ｊリーグ参入を目指してＪＦＬ（日本フットボールリーグ）で激闘を繰り広げていた。

小学校低学年だったため、ＪリーグとＪＦＬの違いを認識してはいなかったが、自分の地元にプロのサッカークラブがあるという現実に、サッカー少年の大谷は大いに興味をそそられた。レイソルのファン感謝デーにも足を運んだ。そこでキャプテンの飯田正吾のサイン入りカードをもらい、ＰＫのアトラクションゲームでは、シュートを決めて黄色と黒のコインケースを手に入れ、それを大切に使っていた。レイソルは、早くも身近な存在になっていた。

小学生時代の大谷は、ドリブルでゴール前へ切れ込んで得点を量産するストライカーだった。利き足ではない左足も毎日の練習によって右足と遜色なく使うことができた。試合ではピッチの左側へ流れるプレーを好み、そこからゴール前へ入り、左足でシュートを放って得点を決めていた。そんなジュニア時代の自身のプレーを思い起こし、「右サイドでプレーするのは、子どもながらにあまり好きじゃなかったのかもしれない」と懐かしそうに話した。

初石少年サッカークラブで育った大谷はメキメキと実力をつけていった。小学校高学年になると、市内のサッカークラブから有力選手たちを集めて編成された流山市の選抜チーム、流山ＦＣにも選出された。また、所属する少年団とは別に、週に一度は市内の体育館で活動しているフットサルチームに参加してテクニックを磨いた。とにかくボールを蹴ることが楽しかった少年時代。少年団、選抜チーム、フットサルチームと、３つのチームを掛け持ちするサッカー漬けの日々を送っていた。

小学5年の夏休みに、大谷はテレビで中継された全日本少年サッカー大会の決勝を見ていた。テレビ画面には、レイソルのユニフォームを着た同世代の少年たちが映し出されており、プロと同じ黄色のシャツを着た彼らがとてつもなく格好良く見えた。そしてレイソルは愛知ＦＣを２－１で下し、全国大会で優勝を果たした。これはトップチームからジュニア年代まで、全てのカテゴリーを通じて、柏レイソルというクラブにとって初のタイトルになった。

その試合を見た大谷に、ある気持ちが芽生えた。

「自分も、もっと高いレベルでサッカーがしたい」

流山ＦＣで出場した県内の大会ではレイソルとの対戦もあった。自分の目の前に、プロと同じ黄色いユニフォームを着た少年たちがいる。いやが上にもレイソルを意識せざるを得なかった。

レイソルに入ってプレーしたい

近隣のプロサッカークラブから、自分がプレーしたいクラブへ。大谷の中でレイソルの存在が大きく変わっていった。

「レイソルに入ってプレーしたい」

その衝動に駆られていた大谷にチャンスが訪れる。翌年、中学生になる年代を対象にしたレイソルのセレクションがあることを知った。小学６年の秋、大谷は流山ＦＣのチームメイト数人と一緒にセレクションを受け、無事に通過した。そして小学６年の冬、中学入学を待たずしてレイソルの練習に初めて参加した。

流山FCは、大谷を含めてレイソルアカデミーに入る選手が3人在籍していた選抜チームである。ただ、県内では比較的高いレベルでサッカーをしていた大谷から見ても、初練習で目にしたレイソルの選手たちのレベルは高いと感じた。しかしそれは、小学5年のときから自分自身が望んだ環境でもあり、そこで尻込みや物怖じをすることはなかった。それよりも、レイソルではプロの指導者が止める、蹴るというベーシックな技術から専門的な戦術まで、こと細かく言語化してサッカーを教えてくれるため、大好きなサッカーに新鮮な気持ちで打ち込むことができた。

大谷は当時を次のように語る。

「小学生までは友だちのお父さんコーチに教わっていたので、レイソルの指導者はしっかりサッカーを教えてくれるという印象でした。当時は今のアカデミーとは違って、そのカテゴリーを受け持った監督のサッカーをやっていて、監督が代わればサッカーも変わるという感じでしたけど、いろいろな指導者のサッカーに触れることができたのは自分のためになりました。それに小学生のときは土だったので、芝のグラウンドでサッカーができるのがすごく嬉しかったです」

中学1年のときに初めての公式戦を迎え、レイソルのユニフォームをもらった。あまりの嬉しさに帰宅後すぐにユニフォームを試着し、家族に写真を何枚も撮ってもらった。そのときの喜びと純粋にサッカーを楽しむ気持ちを、大谷は今でも覚えているという。

当時のトップチームの試合では、ジュニアユースの選手が選手入場の際にフラッグを持ち、ボールパーソンも務めていた。試合中、大谷はメインスタンド側のMR席やML席の前にある段差に座り、プロのスピーディーかつ迫力のあるプレーを凝視していた。拾ったボールを、トップチームで活躍するブラジル人ストライカー、エジウソンに手渡したときには「エジウソンだ！」と興奮を覚えた。ジュニアユースの少年にとって、プロのピッチで躍動するトップチームの選手は憧れであり、はるか雲の上の存在だった。

将来を見据えたコンバート

千葉県には、市立船橋高校、習志野高校、八千代高校、流通経済大学付属柏高校など、全国クラスのサッカー強豪校が多い。流山ならば、東京都、埼玉県、茨城県の強豪校にも十分通える距離である。

ジュニアユースのチームメイトの中には「選手権に出たい」という理由で、中学卒業後の進路にサッカー強豪校を選び、プレーの場を高体連へ移す者もいた。大谷も、年末年始にテレビで中継される全国高校サッカー選手権大会を子どもの頃から見ていたため、高校サッカーは気になる存在ではあった。だが、「プロサッカー選手になるなら、ユースの方が近道なんじゃないか」と、中学生にしてすでに現実的な考えを持ち、なおかつ中学3年の早いタイミングでユース昇格の内定を受けていたこともあり、中学卒業後の進路で気持ちが揺れ動くことはなかった。彼の思いは、レイソルのユースでプレーする、その一択だった。

ジュニアユースまでは漠然と描くだけだったプロサッカー選手という目標は、ユース昇格以降に現実的なものへと切り替わる。

高校1年になると、サテライトチームの補充人員として、試合や練習に呼ばれる機会が増えた。2学年上の藤田雄馬、1学年上の近藤直也、宇野沢祐次といったユースで一緒にプレーしてきた先輩がプロへ進む姿を見てきたことも、自分のトップチーム昇格への思いを強く掻き立てた。

ユースからサテライトに参加した際、大谷の面倒を見てくれたのが玉田圭司である。99年に習志野高校からレイソルに加入した若手のホープは、サテライトの練習が終わると大谷を食事に連れて行ってくれた。4歳年上の玉田は、大谷にとって良き兄貴的存在だった。

ただ、玉田のように速くて上手い選手が、トップチームでは出場機会を満足に得られていないという現実を突きつけられ、「こんなに上手い人でも試合に出られないのか」と大きな衝撃を受けた。ユースではトップ下など攻撃的なポジションを担っていた大谷にとって、この事実は自分がプロで生き残るための最適なポジションはいったいどこなのか、それを考え、彼自身が模索するきっかけにもなった。

サテライトへの参加でプロのレベルの高さを体感した大谷は、ユースへ戻ったあとも自分の基準を大きく引き上げた。ユース年代の試合で良いプレーができたとしても、「このプレーはプロでは通用しない」と新たな物差しで自分自身を測り、より高い基準を設定してサッカーと向き合った。

そんな大谷にボランチ転向の話が持ち上がったのは、高校3年へ上がるタイミングだった。当時、レイソルユースの監督を務めていた濵吉正則から、「トップチームでやるつもりなら、今やっているトップ下よりもボランチでプレーした方が可能性はある」というアドバイスを受けた。

濵吉の構想では、将来を見据えて大谷をボランチにコンバートし、大谷の1学年下でFWの菅沼実をトップ下に置くという考えだったが、ほどなくして菅沼の2種登録が決まったことで、この構想は実現には至らなかった。ただ、サテライトに頻繁に参加していたこと、高校3年の夏にトップチームの練習に参加したことで、大谷自身の中でもプロ加入後はボランチで勝負する考えが定まっていた。

高校サッカー界の名将からの誘い

2023年現在、レイソルは地元の日本体育大学柏高校と相互支援関係を締結している。アカデミーの全選手が同校へ通うほか、レイソルアカデミーから派遣されたコーチングスタッフが日体大柏サッカー部の指導にあたり、時にはレイソルU‐18と合同で練習を行うなど両者は良好な関係を築いている。22年度の第101回全国高校サッカー選手権大会において、初出場の日体大柏が全国ベスト8まで勝ち進んだことは、その成果を示す形にもなった。

だが、00年当時はまだその関係性は確立されておらず、大谷は流経大柏高校に通っていた。01年、体育教師として本田裕一郎が流経大柏に赴任した。本田は前年度まで習志野高校サッカー部の監督を務め、95年にインターハイを制覇したほか、福田健二、廣山望、玉田といったJリーガーを育て上げた高校サッカー界きっての名将である。本田の赴任と同時に、習志野からは監督を慕って12人の選手が流経大柏に編入してきた。

レイソルユースでプレーしている選手を、サッカー部監督の本田が放っておくはずもない。体育の授業では、大谷は本田から「お前は授業を受けなくていいから、俺と話をしよう」と言われ、授業のたびにサッカー部への誘いを受けた。

流経大柏サッカー部で、大谷のクラスメイトでもある深津康太は、体育の授業で一緒にボールを蹴ったことはあったが、それはあくまで体育の授業である。そこでの大谷は本気モードではなく、深津は彼の実力を知らなかった。

19年のJ2第2節、レイソルとFC町田ゼルビアの試合では、メディア向けに、試合前日に記者会見が行われ、大谷と深津はそれぞれチームを代表して会見に出席した。そのときに、大谷との対戦について問われた深津は、高校時代の話を持ち出して質問に答えた。

「僕は大谷のことを『こいつ、サッカー上手いのかな?』と思っていたんですが、国体で一緒にプレーをしてみたらめちゃくちゃ上手くて、それ以来、尊敬しています」

当時の懐かしい思い出が甦ったのか、笑みを浮かべながら語った深津に対し、大谷は元クラスメイトと対戦できる喜びの言葉を返した。

「深津と実際に一緒にサッカーをやったのは国体が初めてでした。こうやって一緒に高校生活をしていた選手と、これだけ長い時間が経ってから試合できるのは嬉しく思います」

千葉県国体選抜で受けた刺激

高校3年の夏、大谷はトップチームの練習に参加した。昇格に関しては、大谷が千葉県選抜として出場する秋の国体が終わるまで保留という形になった。

その千葉県国体選抜の活動中には、こんなエピソードがある。

ＦＣ東京のサテライトチームと千葉県選抜が練習試合を行った際、調子の良かった大谷は出色の働きを見せ、千葉県選抜が勝利を収めた。大谷の高水準のプレーは、ＦＣ東京のコーチングスタッフの目に留まった。

試合後、ＦＣ東京のスタッフの一人が千葉県選抜監督の砂金伸に訊ねた。

「あの7番の彼、どこかチームは決まっているんですか？」

「大谷ですか、彼はレイソルユースの選手ですよ」

「それならトップチームに上がりますよね……」

サテライトとはいえ、プロの選手を相手に際立つプレーを見せた選手が、トップチームに上がらないわけがない。ＦＣ東京のスタッフは諦め、大谷に声をかけることはしなかった。

しばらくして、そのやり取りを砂金から伝えられた大谷は、「じゃあ、もし俺がレイソルのトップチームに昇格できなかったら、FC東京のスタッフに話をしてもらえますか？」と冗談まじりで話した。

02年の高知国体に出場した千葉県選抜は、流経大柏、市立船橋、八千代から選ばれた選手に、レイソルユースの大谷が入るという実力派揃いのチーム編成となった。流経大柏からは深津、近藤祐介、市立船橋からは大久保裕樹、小宮山尊信、小川佳純、原一樹、鈴木修人、八千代からは尾本敬。のちにJリーグでプレーする面々ばかりである。

大谷はレイソルユースでの活動やサテライトへの練習参加以外にも、自分が力をつけた要因に、千葉県選抜で切磋琢磨した高体連の選手たちの存在を挙げる。まだ、JFA主管による高円宮杯プレミアリーグや高円宮杯プリンスリーグが誕生しておらず、クラブユースと高体連の交流が少なかった時代だ。Jクラブとは異なる高体連の環境でプレーする彼らからも、大谷は多大な刺激を受けた。特に彼らの運動量とフィジカルの強さには驚かされた。

「当時の高体連はすごく走るし、朝練もガッツリやっているると聞きました。だから俺はユースの方が向いていたなと思いましたね。もし高校サッカーに行っていたら、サッカーを辞めていたかもしれません」

高知国体の決勝では、矢野貴章、谷澤達也、杉山浩太、小林祐三を擁する静岡県選抜を1－0で破り、千葉県選抜は優勝を果たした。

あとは「国体が終わってから」とレイソルの強化部から伝えられていた、トップチーム昇格成否の報せを待つのみとなった。

意外な人物によるトップチーム昇格の報せ

その「トップチーム昇格」の報せは、意外なところからもたらされた。

国体が終わっても強化部からの連絡がいまだ届かぬまま、大谷はレイソルアカデミーで最後の大会となるJユースカップの試合のため、神奈川県川崎市にあるヴェルディグラウンドに来ていた。

試合前に準備していると、レイソルユースの選手たちのもとへ、谷澤がひょっこりやってきた。つい数週間前、高知国体の決勝で対戦した静岡県選抜のドリブラーだ。彼は静岡学園から東京ヴェルディに練習参加に来ていた。

2人は国体の決勝で顔を合わせた程度の面識しかなかったが、レイソルユースの選手の中に大谷の姿を見つけた谷澤が声をかけてきた。

「ユースからトップに上がるんだってね」

自分はクラブからは何も知らされていない。これには大谷も虚を突かれた形となった。谷澤は、大谷と異なるタイミングでレイソルのトップチームに練習参加に来ていた。そこで同期としてユースから昇格する大谷の話を、先に強化部から聞いていた。

翌日、レイソルの強化部から連絡を受けた大谷は、正式にトップチーム昇格を伝えられた。

「電話がかかってきて、トップに上がれると聞いたときはもちろん嬉しかったです。でも『知ってるんだけどなあ』と、内心複雑な心境でした（笑）。谷澤が知っていたということは、きっともう少し前に決まっていたんだろうけど、クラブ側はタイミングを見たり、ユースの試合が一段落したあとに伝えるという考えだったと思うんです。谷澤はフライングでしたよ」

大谷のトップチーム昇格の顛末は、こうした経緯と谷澤のキャラクターも相まって笑いを含んだエピソードになった。

03年1月28日、日立柏サッカー場内にて、新体制発表会見が行われた。FC東京から3年ぶりに復帰することになった下平隆宏と、ジェフユナイテッド市原から加入した増田忠俊に加え、そこには5人の高卒ルーキーが顔を揃えた。谷澤達也、矢野貴章、中井昇吾、矢野哲也、そして大谷である。

こうして大谷のプロサッカー選手としてのキャリアが始まった。

ユース時代は10番を背負い、攻撃的な選手として活躍。写真は高校3年時（2002年）に出場した日本クラブユースサッカー選手権（U-18）大会での一コマ【ⓒ大谷秀和】

第3章

憧れの存在

指揮官の車に乗ってスタジアムへ

大谷がプロサッカー選手として出場した最初の試合は、2003年2月23日に行われたプレシーズンマッチのちばぎんカップ、ジェフユナイテッド市原戦だった。ユースから昇格したばかりの高卒ルーキーは、監督のマルコ・アウレリオからいきなりスタメンに抜擢されたのである。

ちばぎんカップの2週間後にはナビスコカップが、約1カ月後にはJリーグの開幕戦を控えており、コンディションに違和感を抱えている選手は大事を取ってちばぎんカップの出場を回避したため、当初は16人の登録メンバーに入っていなかった大谷の出場が直前になって決まったのだ。大谷によれば、「よくわからない中で試合に出ることになった」という急遽与えられた出場機会だった。

初陣を迎えたルーキーにとって大きかったのは、ユースのときに参加したサテライトの試合や練習で一緒にプレーしていた選手が多かったことである。玉田圭司、中澤聡太、永井俊太、そしてベンチにはユースの後輩で、前年には2種登録選手として大谷より一足先に試合に起用された菅沼実も控えていた。

明神智和、リカルジーニョと3ボランチを組んだ大谷は、ルーキーらしからぬ堂々としたプレーを見せた。試合は1－2で敗れたものの、玉田の先制点をアシストしたのは大谷であり、プロ1年目の若者が見せた出色のパフォーマンスを、市原緑地運動公園臨海競技場（現・ゼットエーオリプリスタジアム）まで視察に訪れていた日本代表テクニカルアドバイザーのエドゥーが大絶賛したというエピソードは当時話題になった。

前年の02年8月にレイソルの監督に就任したアウレリオが、ユースから練習参加に来ていた大谷の特徴を把握していたことも早期出場への追い風になった。アウレリオは若手の起用に積極的な指揮官であり、宇野沢祐次、永田充といった大谷の1つ年上の選手たちも、前年にアウレリオの指揮下で出場機会を得ていた。

03年はJリーグ開幕に先立ち、ナビスコカップから始まる変則的なシーズンだった。大谷はちばぎんカップの出場以降も、リーグ戦開幕前のナビスコカップのベガルタ仙台戦ではホームとアウェーの2試合に起用され、ちばぎんカップから3試合連続でスタメン出場を果たすという、ルーキーとしては異例のスタートを切った。このベガルタ戦2試合で大谷と中盤でマッチアップしたのが、現日本代表監督を務める森保一だった。

プロ初年度の当時、大谷は18歳。愛車を持っていなければ、そもそも自動車の運転免許もない。若手選手の住む寮から日立台までは毎日、自転車で通っていた。それを知ったアウレリオは大谷に告げた。

「選手がスタジアム入りをするのに、自転車でサポーターが並んでいる横を通る？　そんなことはプロとしてあってはならない。自動車を持っていないのなら私が迎えに行く」

それからホームゲームのたびに、大谷は寮まで迎えに来た指揮官の車に乗り込み、スタジアムへ向かった。

高卒ルーキーの開幕スタメン

03年3月22日、味の素スタジアムでのＦＣ東京戦で、大谷はＪリーグ開幕戦スタメンデビューを果たす。

「とにかく思いきって、あまり気にせず自由にやっていいよ」

デビュー戦を前に、大谷に声をかけたのは明神だった。

その7年前の１９９６年、ユースから昇格した明神は、ちばぎんカップを経てＪリーグ開幕の浦和レッズ戦でプロサッカー選手としての第一歩を刻んだ。高卒ルーキーの開幕スタメンはレイソルのクラブ史上初の出来事であり、明神は自らの経験から、18歳のルーキーが開幕スタメンで起用されるプレッシャーを他の誰よりもわかっていた。

戦術理解度が高く、対人守備にも強い明神は、10代の頃からコンスタントに出場機会を得ていた。若くしてチームの主力と呼ばれる地位へと駆け上がり、90年代後半から00年代前半まで不動のボランチとしてレイソルの中盤を支えた。

その活躍は日本代表にも及び、97年のワールドユース、00年のシドニー・オリンピックと年代別日本代表の世界大会を経て、02年の日韓ワールドカップではトルシエ・ジャパンの一員として3試合に出場した。

明神はレイソルアカデミー出身で、ポジションも大谷と同じボランチ。01年のホン・ミョンボの退団以降はレイソルのキャプテンを務めていた。そんな明神は、大谷にとって憧れの存在だった。ユース時代にトップチームの練習に参加したときには、あまりの緊張で挨拶しかできず、「明神さんだ……」とファンに近い目線で、羨望の眼差しを送っていた。一方、ユースから来た大谷を見た明神は、「まだ線が細いけど、技術があって上手い選手」という印象を持った。

03年の開幕戦の先発メンバーには、大谷と矢野貴章、2人の高卒ルーキーの名前があった。高卒ルーキーの開幕スタメンは明神以来の快挙だった。

薄曇りのどんよりとした空模様の下、試合は16時にキックオフを迎えた。

立ち上がりの10分に、一瞬の隙を突かれたレイソルはFC東京に先制を許す。ビハインドを受け、大谷はボランチの位置から積極的に攻撃へ加わり、39分にはマルシオのポストプレーから強烈なミドルシュートを放ったが、GK土肥洋一のファインセーブに阻まれた。

53分、矢野が倒されて得たPKを明神が決めて1－1の同点に追いつくと、それからしばらくの時間帯は、攻勢に出たレイソルが決定機を作り出した。だが、好機を仕留めきれなかったことが大きく響く。83分には阿部吉朗のクロスからケリーに勝ち越し点を決められてしまったのだ。

85分、第4審判が掲げた交代ボードには「23」が表示された。自分の番号を確認した大谷は迅速にタッチラインへ向かい、交代で入る菅沼とタッチを交わしてピッチから退いた。スコアはそのまま動かず、大谷の初陣は1－2の黒星となった。

試合後の記者会見では、アウレリオが大谷、矢野らルーキーの起用について言及した。

「経験を積ませるために若い選手を出しているのではなく、彼ら自身が試合をこなせる実力を見せてくれているから起用した。彼らは他の選手との競争に勝ってピッチの上に立っている。近い将来、彼らは才能を開花させてくれるだろう」

ケガ人続出で苦しかった台所事情は、離脱者の復帰に伴い徐々に解消されていった。それと同時に、第2節以降は大谷がメンバー外になることが増えていった。

ちばぎんカップを皮切りに、ナビスコカップ2試合、Jリーグ開幕戦と4試合連続で起用されたが、「J1で戦っていくには、今の自分の実力では厳しい」と大谷は力不足を認識した。ただ、現時点で何が通用して、何が通用しないのかが明確になったおかげで、メンバー外のトレーニングでは課題の克服に向けて取り組むことができた。

1年目の目標の一つだったプロA契約は、シーズン最終戦のFC東京戦（●2－4）で到達した。そこでは「A契約になったことは嬉しいですが、到達した試合で勝てなかったことが残念です。今季はコンスタントに出場することができなかったので、来年は常に試合に出場したいと思います」と、来たるプロ2年目の飛躍へ向けて意気込みを述べた。

最終的にルーキーイヤーはリーグ戦4試合、ナビスコカップ5試合の出場に終わった。

代表守護神から奪ったプロ初ゴール

大谷と明神が常時同じピッチに立つのは、大谷がスタメンに定着したプロ2年目のシーズン中盤戦以降となる。

3ボランチや、大谷がボランチで明神がウイングバックという形で同じピッチに立つ機会はそれまでにもあったが、04年のファーストステージ第15節のセレッソ大阪戦で、大谷と明神は初めてダブルボランチを組んだ。大谷にとっては、このシーズンで2度目のスタメン出場だった。

ダブルボランチを組む際に、明神は大谷に対して細かい要求はせず、どちらかが上がったときは、もう片方が残るという基本的な約束事を確認しただけで、あとは大谷を自由にプレーさせていた。

「意識していたのは、タニの得意なプレーをできるだけ出させてあげるということです。僕のプレーの特徴もあると思いますが、僕はどちらかというと守備が得意だったので、ユースでトップ下をやっていたタニが攻撃に絡んだ方が、2人のプレースタイルを考えてもバランスが良いと思いましたし、とにかくタニがストレスなく、自分の特徴を出せる状態でプレーさせてあげようと考えていました」

明神は大谷とのコンビで心がけていたことを、そう語った。

セレッソ戦の先制点の場面でも、ゴール前で玉田と山下芳輝がパス交換をした瞬間、自分の左斜め前方にスペースを見つけた大谷は、ボランチのポジションからスプリントを開始して一気に駆け上がり、攻撃に加わる意志を見せた。最後はドリブルで抜け出した玉田が得点を決めるのだが、大谷は玉田の近くまでポジションを取り、サポートができる位置にいた。試合は玉田のハットトリックもあり、5－1でレイソルが大勝を収めた。

大谷にストレスを与えず、特徴を発揮しやすいようにプレーさせる。明神が考えていたダブルボランチとしての関係性が結果に表れたのが、大谷のプロ入り初ゴールの場面である。

04年10月17日、セカンドステージ第9節・名古屋グランパス戦。1－1で迎えた57分、大谷はボランチの位置からするするとペナルティーエリア付近までポジションを上げた。右サイドでボールを持つ波戸康広がルックアップすると、フリーで駆け上がる大谷の姿が見えた。波戸からクロスが上がり、大谷は助走のステップを刻んでから跳び上がった。絶妙のコースを捉えたヘディングシュートは日本代表の守護神、楢﨑正剛の手元を抜けてゴール右へ吸い込まれていった。

プロとして初めて味わう得点の感触に、大谷は右手を突き出して喜びを爆発させた。しかも大谷の得点の1分前には、明神がセットプレーからヘディングシュートを決めており、奇しくも大谷と明神の2人からゴールが生まれた試合でもあった。

プロサッカー選手としてのあり方

大谷は明神とのコンビについて、次のように語る。

「ボランチを組んでいて、ミョウさん（明神）から、ああしろこうしろと言われることはなかったですね。自分が攻撃に出ていってスペースを空けたとしても、そこをミョウさんが違和感なくカバーしてくれたので、自分としてはのびのびプレーさせてもらった印象です。俺はもともと攻撃的な選手だったので、プロの最初の頃はボランチをやっていても、ゴール前に入っていきたいという意識がありました。自分の感覚でいけると思ったときにはゴール前まで出ていきましたけど、結局、ダブルボランチでやる以上は一人が残らなければいけない。それをミョウさんが事前にサポートしてくれていたのは感じました」

大谷が本格的にボランチを務めるようになったのは、トップチーム昇格以降である。したがってプロになった最初の2、3年は、ボランチというポジションに対し、まだ手探りの状態だった。明神からボランチのプレーについて直接指導を受けたわけではなく、試合やトレーニングを通じて明神のプレーを見て学び、それを実践に移した。

後年、ボランチとして確固たるポジションを築いた大谷は、的確な予測と球際の激しさ、そして強度の高い守備でチームの窮地を幾度となく救ってきた。だがプロとしてキャリアをスタートした当初は、守備に関して未熟な面も多く、「俺はユースでは守備をやってこなかったから、『守備って何？』という選手だった」と自嘲する。

プロで戦っていく守備力を身につける上でも、自分の隣でプレーしていた明神は最高のお手本だった。

「ミョウさんは奪いきる力も高いけど、相手の足元にあるボールを突くことで味方につなげられれば、奪いきる必要はないということも学んだし、だからといって無闇にスライディングをすればいいわけでもない。ミョウさんがいると、なぜかセカンドボールを拾えるよねって、そういう感じだったと思うんですが、それは常に予測して、良いアプローチをして、ボールホルダーにプレッシャーをかけ続けて、足を止めずに最後までプレーしているから、そこにボールが来るわけで。それによって自分たちの攻撃の機会がもう一回増える。そういうのは、ものすごく勉強になりました」

同じポジションゆえ、キャンプや遠征の際には宿泊先で2人が同部屋になる機会も多かった。室内では、大谷はなるべく物音を立てずに行動していた。そんな大谷を見て、明神も「気を遣っているんだろうな」と思っていた。ただ、同部屋という空間の中で、サッカーの話から他愛もない世間話を通じて、大谷は明神の考え方やマインドを知り、さらに試合前日にどういう準備をしているかを実際に目にすることで、プロサッカー選手としてのあり方を学んだ。

まるで真っ白なキャンバスに鮮やかな色彩の絵画が描かれていくかのように、ボランチとしてまっさらなプレーヤーだった大谷は、プレースタイルという自分自身のカラーを次々と描き加えていった。

セレッソ戦以降、ボランチとしての能力を開花させた大谷は、04年のセカンドステージでは15試合中13試合で起用された。さらに05年のプロ3年目には、前年を上回る公式戦24試合に出場、5得点という成績を収め、右肩上がりにプロサッカー選手のキャリアを突き進んでいく。

受け継がれた背番号7

大谷が明神から受け継いだものは、ボランチとしてのプレースタイルだけではない。明神が00年から付けてきた背番号7を、大谷は受け継ぐことになる。

年の瀬も押し迫った05年12月下旬、明神のガンバ大阪への完全移籍が正式に決まった。レイソルを離れるにあたり、明神はクラブ関係者、チームメイト、スタッフに挨拶を兼ねて移籍報告の連絡を入れた。若手選手の中で明神から連絡を受けたのは、コンビを組んできた大谷だけだった。

明神からレイソルを離れることを伝えられた大谷は、意を決してある申し出をした。

「俺に背番号7を譲ってもらえませんか？」

それまで、大谷には背番号のこだわりは一切なかった。ユースでは10番、国体の千葉県選抜では7番を付けてきた。トップチーム昇格後は、背番号を選べる立場ではなかったが、クラブから23番を与えられたときには「マイケル・ジョーダンと同じ番号だ」と率直に好印象を抱いた。しかもレイソルアカデミーの先輩である根引謙介が、99年から02年まで付けていた番号が23であり、アカデミー出身選手の出世番号という位置付けで、23をクラブから託されている意味もよく理解していた。

3年間背負ってきた23番に愛着はある。だが、明神は自分と同じボランチで、アカデミー時代からの憧れであり、目標としてきた存在だ。翌年に新しく加入してくる外国籍選手が付けるくらいなら、自分が7番を付けたい。むしろ自分が付けるべきではないか。大谷はその責任を強く感じた。

大谷からの思いもよらぬ申し出を受けた当時の心境を、明神は思い起こした。

「嬉しかったですよ。チームを去る僕の決断を、タニはチームメイトとして、友人として、わかってくれましたし、その中で僕が付けていた番号をくださいと言ってくれたのは素直に嬉しかったです。そのことは僕の方からクラブに伝えさせてもらうと、タニには言いました」

明神は主務の宮本拓巳に電話をかけ、「来年はタニに7番を与えてほしい」と伝えた。そして翌年から、背番号7は大谷に引き継がれた。

キャプテン同士で対決した12年度の天皇杯決勝

06年をJ2で過ごしたレイソルが1年でJ1に復帰すると、07年から大谷と明神は対戦相手として相まみえることになった。

2人の代表的な直接対決が、08年度と12年度の2度の天皇杯決勝だ。元日の国立競技場のピッチで、レイソルとガンバはタイトルを懸けてぶつかり合った。特に12年度の決勝は、双方がキャプテンとしてピッチに立ち、ボランチのポジションでマッチアップした試合として印象深い一戦である。

13年1月1日。国立競技場のロッカールームから出てきた大谷は、先にロッカーアウトをしていたガンバの選手の中に明神を見つけ、挨拶に向かった。そこでは簡単な会話を交わしただけで、すぐにレイソルの選手が並ぶ列の先頭に立ち、いよいよ始まる決戦に向けて集中力を高めた。

アカデミー時代から背中を追いかけてきた選手と、元日の国立競技場でタイトルを懸けて戦える。そのシチュエーションに大谷は喜びを感じつつも、「絶対に負けられない」という強い意志を持ち合わせていた。

4年前の09年1月1日。同じ天皇杯決勝の舞台で、レイソルは延長戦の末、ガンバに0－1で敗れていた。だからこそ「今度は自分たちが勝者になる」というリベンジの念があった。また12年のJ1は、最終節に勝てば3位でACL出場権を獲得できる条件だったにもかかわらず、鹿島アントラーズに敗れて翌年のアジアへの切符を取り逃がしていた。大谷だけではなく、レイソルの選手たちには「天皇杯に勝って、再びアジアの戦いに挑戦する」という強烈なモチベーションがあった。

入場口からピッチへ向かって敷かれたレッドカーペットの上を歩きながら、大谷はレイソルサポーターが陣取るゴール裏のコレオグラフィーに視線を向けた。サポーターの作り出す文字が『LET'S GO KASHIWA』から『LET'S GO ASIA』に変わっていくのが見えた。

試合はガンバのペースで始まった。12年のJ1で17位になり、降格の憂き目を見たガンバだが、数多くのタイトルを取り続けてきたチームの経験値は、決勝の舞台で大いに発揮された。一発勝負のカップ戦決勝だからこそ、序盤の良いリズムの時間帯に一気に畳みかける。大谷はピッチの上でガンバからの圧を感じていた。

ポゼッションで優位に立つガンバはトップ下の遠藤保仁、ダブルボランチの今野泰幸、明神の

3人が流動的にポジションを取るため、レイソルは守備の狙いを定められなかった。大谷の対面にいる明神は、中盤の底でバランスを取りながら局面ごとに立ち位置を変え、状況に応じたプレーを選択し、付け入る隙を与えてくれない。

9分にはコーナーキックからレアンドロにネットを揺らされたが、オフサイドの判定でノーゴールになった。28分にゴール前に侵入した二川孝広のシュートは、GK菅野孝憲が辛くも食い止めた。

防戦一方の内容に、ネルシーニョは早い決断を下した。水野晃樹に替えて、田中順也を投入。前半32分の交代だった。それまで1トップを務めていた澤昌克がトップ下へ移り、田中が最前線に入った。

「晃樹の問題ではなく、チームとして対応できていなかった。相手のボランチをタイトにマークしながらリズムを作らせない狙いがあったけど、ガンバはスキルのある選手が揃っているので、そこで人を替えて前線の特徴を変えることで、守備のときは澤くんと順也が中盤を助けて、奪ったあとには長い距離を走って相手の背後へ出ていけるようになった」

大谷の解説どおり、前線の特徴を変えることで反撃を試みたレイソルは、ガンバがその対応策を見出す前のわずかな時間帯にワンチャンスを物にする。35分、コーナーキックから渡部博文が強烈なヘディングシュートを突き刺し、劣勢の時間を耐えしのいできたレイソルが先制点を挙げた。

タニとの対戦は楽しかった

後半に入ると、大谷と明神の攻防にも激しさが増した。

62分、レイソル陣内中央にぽっかりと空いたスペースを見つけた明神は、左サイドバックの藤春廣輝にボールを要求しながらスペースへ走り込んだ。危険を察知した大谷も、ほぼ同時にそのスペースを消しにかかり、五分五分のボールに対する競り合いの中で、大谷と明神が激しく接触した。バランスを崩した大谷は地面に左腕を強打し、その場でうずくまった。

直後の63分にも、丹羽大輝から縦パスを引き出した明神にアプローチしたのは大谷だった。しかし左腕の激痛が影響したのか、寄せた瞬間に明神に前を向かれた。大谷は右手で明神を掴み、ファウルで前進を食い止めた。このプレーに吉田寿光主審からイエローカードが提示された。

左腕の負傷でプレーが困難となった大谷は、67分に栗澤僚一との交代でピッチを退いた。あとは信頼する仲間たちに託し、ベンチから戦況を見守った。

大谷が退いてからもレイソルは老獪に試合を進め、前半に奪った1点のリードを守りきった。したたかな試合運びができた要因に、大谷は前年のJ1優勝をはじめ、クラブワールドカップやACLで培ったチームの経験値を挙げた。

「自分たちが90分を通して主導権を握るサッカーをしていたわけではないけど、2年間で経験したものがあったから、延長戦やPK戦の可能性も頭に入れながら、その中で自分たちには1点のアドバンテージがあるという考え方だった。もし失点したとしても同点になるだけで、試合が終わったときに勝っていればいい。そういうどっしりとした心構えは、ピッチに立っていた選手全員が持っていた」

前身の日立製作所サッカー部時代からは37年ぶり、柏レイソルとしては初の天皇杯優勝。日本サッカー協会名誉総裁、高円宮妃久子殿下から天皇杯を授与された大谷は、痛めた左腕をそっと添える形で、右腕一本でカップを掲げた。そして、そのシーズン限りでチームを去ることが決まっていた水野と安英学に天皇杯を手渡した。水野は「最後、カップを上げさせてくれたのはタニの気遣い。カップを持たせてくれてありがたかった」と感謝の言葉を口にした。

大谷と中盤で激しい攻防を繰り広げた明神は、数年後にこのときのマッチアップを振り返った。「こちらにとっては嫌な選手でした。気づくとそこにいるというか、嫌なところを狙っているし、いつもこちらが嫌がるプレーを選択するんです。それを見て『レイソルの中心選手なんだな』と思いました。タニが攻撃に絡むシーンも多くて、『やっぱり上手いなあ』と敵ながら思いましたし、あの試合以外の対戦でも、ダブルボランチを組む相手の特徴によって自分の役割を変えて、攻撃的なボランチと組む場合はタニがバランスを取るという使い分けも上手かったですね。あと、これはお互いにだと思うんですけど、対戦していて『絶対に負けないぞ』という気持ちがありました。こちらにとっては嫌な選手でしたが、タニとの対戦はやっていて楽しかったです」

ふと見せた明神の柔らかい表情が、「楽しかった」という言葉が本心であることをうかがわせた。

偉大な存在から学んだ財産

明神の言葉にもあったとおり、大谷は中堅からベテランという年齢に差しかかると、茨田陽生や手塚康平など、年下の選手とダブルボランチを組む機会が増えていった。そこでは、かつて明神が自分をサポートしてくれたように、若手選手が特徴を発揮しやすいプレーを心がけた。

「その選手によって特徴は違うし、その選手がいけると思ったときは迷わずにいった方がいい。例えば、バラ（茨田）は攻撃に出ていける良さがあるから、彼がいけると判断したときはいった方がいい。それをカバーするのは一緒にボランチを組む選手の役目。それが若い選手なら、なおさらその感覚を大切にしてあげたいし、やりたいと思うプレーをやらせてあげようと意識していました」

自分自身を客観視する大谷は、ことあるごとに「自分は身体能力的には高くない選手」と話すことがある。22年10月31日に現役引退を発表したときも、彼は自身のSNSで「何か突出した能力があるわけでもない」という表現を自分自身に対して用いていた。

技術的にも、身体的にも、能力の高い選手が集うプロの世界において、自分が生き残るためにはどうするべきか。思考を巡らせていた10代の頃、明神は自分の進むべき道を具体的に示してくれる存在だった。

「ボランチとしてどういうプレーをすればチームがより良く回るのか、どういうプレーをすれば味方選手が気持ち良くプレーできるのか、どこのスペースを消したら相手選手は嫌がるのか。そういうプレーや、考えることを止めずに90分戦う姿を見ていたので、ミョウさんは自分が目指すべき選手像を見せてくれたと思います。俺は身体能力が高い選手ではないので、考えることをやめたらそこで終わりだと思っていましたし、目指すべき選手像として、ミョウさんの隣で一緒にプレーできたことは財産になりました」

大谷はプロキャリア20年において、年齢や敵味方を問わず、多くの選手から様々なことを学び、それを自分の成長の糧にしてきた。その中でもアカデミー時代から憧れ、プロになってからコンビを組んだ明神から学び、得たものは極めて大きかった。

大谷はその先輩を今でも「偉大な存在」と言い、尊敬の意を示している。

大谷にとって明神智和（左）は憧れの存在であり、ボランチの手本でもあった。明神がガンバ大阪へ移籍してからは対戦相手として何度もマッチアップを繰り広げた（写真は2009年1月1日の天皇杯決勝）【© BBM】

第4章

降格と教訓

プロ2年目の苦しいスタート

２００４年は、レイソルにとってJリーグ昇格10周年にあたるメモリアルイヤーだった。クラブは「レイソル日本一プロジェクト」と銘打ち、04年から06年までの３年間で、リーグ、天皇杯、ナビスコカップ、いずれかのタイトルを勝ち取ることを目標に３カ年計画を掲げ、そのチームを指揮する新監督に池谷友良を抜擢した。

池谷は前身の日立製作所時代から長年にわたってレイソルに携わり、96年には日本人コーチとしては初めてクラブとプロ契約を結んだ人物である。レイソルの歴代監督の右腕として辣腕を振るい、02年８月のスティーブ・ペリマン解任後には、監督代行としてリーグ戦の２試合で指揮を執った。既存選手たちをよく知る生え抜き監督とあって周囲からの信頼は厚く、大谷もユース時代のサテライトの練習参加時には池谷の世話になっていた。

プロ2年目を迎えた大谷は、開幕前のちばぎんカップこそスタメンで出場したが、前年のルーキーイヤーとは異なり、シーズン序盤はリーグ戦メンバーから外れる苦しい時期が続いた。ただ1年目の公式戦９試合出場を通じて、あらゆる部分において自分の力不足を感じていたため、試合に出られずとも焦燥感や虚脱感に苛まれることはなく、自分自身のやるべきことにフォーカスして、日々のトレーニングに励んでいた。

04年4月4日、ファーストステージ第3節。開幕2連勝と好スタートを切ったレイソルは、柏の葉公園総合競技場でアルビレックス新潟と対戦した。

48分、玉田圭司のシュートのこぼれ球をゼ・ホベルトが詰めてレイソルが先制した。時間が経つとともに雨脚が強くなった試合は、1－0とレイソルがリードしたまま終盤を迎えた。時計の針を進めるため、アルビレックス陣内の深いエリアでボールキープに入る。レイソルの開幕3連勝は目前に迫っていた。

ところが、アディショナルタイムに入り、アルビレックスの2つのカウンターから許した2失点によって、レイソルはまさかの逆転負けを喫した。メンバー外だった大谷は、スタンドからこのショッキングな敗戦を見つめていた。終始、相手を圧倒しており、追加点を奪うチャンスもあった。負ける内容の試合ではなかった。

「痛い星を落とした。アディショナルタイムに点を取られたということでダメージはある。次に向かって、どう修正するのかということに神経を注ぎたい」

池谷はそう言い、翌週のトレーニングでは立て直しを図ったが、悪夢の逆転負けは想像以上に大きなダメージをチームに投げ落とした。その後も、名古屋グランパス（●0－1）、ジュビロ磐田（●1－3）、ヴィッセル神戸（●0－2）と敗戦が続き、第10節の鹿島アントラーズ戦に0－1で敗れると、とうとう最下位にまで転落した。第2節以降、レイソルは勝ち星から見放された。

久々に勝利を手にしたのはファーストステージ最終節のセレッソ大阪戦だった。15位のセレッソと最下位のレイソル、下位同士の直接対決は、玉田のハットトリックを含む5得点を挙げたレイソルが5－1でセレッソを下した。大谷も9試合ぶりにスタメンで起用された。長かったトンネルを脱し、セカンドステージに希望をつなげる形でリーグ戦を折り返した。

この年はAFCアジアカップ開催のため6月下旬からJリーグは中断期間に入り、レイソルは福島県のJヴィレッジで夏季キャンプを行う予定になっていた。その直前、チームに激震が走った。監督の池谷が成績不振により辞意を表明したのである。クラブは後任監督に早野宏史を招聘した。

瀬戸際でのJ1残留

リーグ再開初戦のアントラーズ戦は、玉田とゼ・ホベルトの個人技でしか打開策を見出せず、ファーストステージからの劇的な変化を目にすることはできなかった。セットプレー一発に泣き、レイソルは敗れた。ゼ・ホベルトの「後半戦も厳しい戦いが続きそうだ」という言葉が、低調なチームの内情を如実に物語っていた。

中断期間中のナビスコカップからセカンドステージにかけて、大谷は徐々に出場機会を得ていた。セカンドステージでも未勝利が続く状況下での起用に、大谷のプレーには「チームを勝たせたい」という気概が強く感じられた。第6節・ジュビロ戦での玉田の同点PKは、中盤からゴール前へ飛び出した大谷が福西崇史に倒されて獲得したものだった。2－2で引き分けた第9節のグランパス戦でも、大谷のプロ初得点で一時はレイソルが2－1とリードを奪った。

大谷はセカンドステージ第5節のFC東京戦から最終節の大分トリニータ戦まで、11試合連続でスタメンに起用された。継続的な出場は、プロで戦っていく自信と手応えへとつながった。

しかし、チームは結果を出せなかった。セカンドステージ全15試合でレイソルが勝利を収めたのは、第8節の横浜F・マリノス戦と、新潟中越地震の影響でビッグスワンでの開催が困難になり、国立競技場で代替開催になった第11節・アルビレックス戦のわずか2試合だけだった。

04年は両ステージとも15位に沈み、年間総合では5勝10分15敗、勝点25の最下位に終わった。従来のシーズンであれば自動降格だが、05年シーズンからJ1が2チーム増えて18チーム編成になるレギュレーションにも救われ、レイソルはJ2で3位のアビスパ福岡との入れ替え戦へ回ることになった。

リーグ最終節のトリニータ戦まで試合に出続けていた大谷は、入れ替え戦の直前に胃腸炎を患い、第1戦はテレビで、第2戦は日立柏サッカー場のスタンドで試合を観戦した。結果はアウェー、ホームとも2－0の勝利。大谷は仲間たちが決めた残留に安堵し、胸を撫で下ろした。

降格の危機は一旦過ぎ去った。とはいえ、04年はシーズンを通じて明確な戦い方を確立できず、リーグ戦で最下位に沈んだチームに何も変化を加えないまま、次のシーズンへ向かった。視界不良の狭霧の中を進むレイソルに持ち受けていたのは、04年よりもさらに厳しい1年だった。

浮き沈みのある不安定な戦い

05年シーズンも、前年と同じく不安定な戦いが続いた。開幕から残留ラインと降格圏を行き来し、ワールドカップ・アジア地区最終予選とコンフェデレーションズカップ開催によってリーグが中断した6月の時点で、レイソルは17位に沈んでいた。

かすかな光明が差し込んだのは中断期間の明けた7月だった。

7月2日から23日までの22日間で6試合を戦うハードなスケジュールの中、レイソルは2勝3分1敗と勝ち越して終えた。中でも後半の3試合は、前年のセカンドステージで優勝した浦和レッズを3－0、残留争いのライバルであるヴィッセルを4－0と2試合連続で快勝を収め、第18節のF・マリノス戦では大黒柱のクレーベルを負傷で欠きながら、リーグ2連覇中の王者を相手に敵地で粘り強く戦い、スコアレスドローに持ち込んだ。この連戦でプロ3年目の大谷と矢野貴章、2年目の小林祐三、大卒ルーキーの小林亮といった若手選手たちが著しい活躍を見せた。

シーズン2度目の中断期間に入った8月、レイソルは鹿児島で夏季キャンプを行った。6月下旬にパリ・サンジェルマン（フランス）からの移籍加入が発表されていたレイナウドがこのキャンプから合流し、キャンプ中にはレバークーゼン（ドイツ）のフランサが加入するというビッグニュースも飛び込んできた。

8月21日、リーグ再開初戦のジェフユナイテッド千葉戦では、新加入の外国籍選手2人が揃ってスタメンに名を連ね、中断前の好調もあって期待感は高かった。

攻撃的な2人の新外国籍選手を同時に起用する関係上、中断前はトップ下で攻撃の核を務めていたクレーベルは、この試合ではポジションを1列下げてボランチでの出場になった。玉田、レイナウド、フランサという前線3枚の攻撃力を活かすために採用した新システムは、結果的に吉とは出なかった。試合の入りは悪くはなかったが、後半の早い時間帯でクレーベルが退場したり、交代枠をすべて使いきったあとにフランサがケガのためにプレーの続行が不可能になったりした不運にも見舞われた。試合終盤はフィールドプレーヤー8人で戦うことを余儀なくされ、再開初戦を1－2で落とした。

「一人少なくなってからもチャンスはあったし、悪くはなかった。自分としてはバランス良くできたと思うけど、もっと高い位置でボールを奪えればよかった。後半は相手がバテていたので、その時に点を取れればよかった」

試合後、大谷は悔しさを滲ませていた。

その後、FC東京戦の逆転勝利や、最終的にこのシーズンのJ1を制することになるガンバ大阪に2－1で勝ちきった試合もあった。勝ちと負けを繰り返す不安定さはあったものの、試合内容の全てが悪いわけではなかった。第26節のヴィッセル戦では、大谷が中盤で三浦淳宏からボールを奪い、レイナウドへ出したスルーパスから決勝点が生まれた。このように残留争いから抜け出すチャンスは何度もあった中で、復調の兆しを掴みかけてはまた落ちる、そんな浮き沈みのある戦いを繰り返していた。

2年連続で入れ替え戦へ

結果の出ない試合が続くと、試合後のミックスゾーンで選手の口が重くなるのはよくあることだ。さらに、このシーズンにおける取材の雰囲気からは、チームが一枚岩になりきれていない内情が容易に感じられた。一部の選手たちからは、味方選手や監督に対して敗戦の非を向ける辛辣なコメントが飛び出していたのだ。

キャリアを重ね、経験を積んだ今だからこそ大谷は、「自分はまだ若かったけど、プレーで勢いをつけるだけじゃなくて、チームにとって必要な働きができていれば結果は違ったのかな」と言う。

第30節のアルビレックス戦では、玉田の蹴ったフリーキックに合わせた大谷が、体ごと押し込む形で同点ゴールを挙げた。第33節の東京ヴェルディとの生き残りを懸けた大一番でも、先制点は宇野沢祐次とのワンツーで抜け出して決めた大谷の豪快な一撃だった。大谷が口火を切り、ヴェルディから5得点を奪ったレイソルは、この勝利で自動降格圏を脱出した。

若手の一人に過ぎなかった大谷は、勝利に貢献するプレーを見せ、チームに取り巻く嫌な空気を払拭させようとしていた。当時はまだプロ3年目。チーム内部のことに目を向けられる余裕はない。仮に目を向けられたとしても、自分よりも年上のベテランや中堅選手に何かを進言し、チーム内の状況を修復するという仕事は、20歳の若者にはあまりにも荷が重すぎた。

したがって、キャプテンを務めていた明神智和にのしかかる負担は大きく、大谷も「チームのことはミョウさんが一人で背負っていた」と振り返る。

当時のレイソルは、大谷をはじめ多くの若手選手が試合に絡んでいた。チームが思いどおりの結果を出せなくても、その中でもがき苦しみながらも奮闘する若手たちに、明神はチーム内の問題まで背負わせてはいけないと考えていた。明神は当時抱いていた胸の内を語る。

「もちろん若手でも試合に出ているのであれば、チームの成績には責任を負わなければいけないし、ピッチ内の責任については考える必要があります。でも僕としては、考える必要のないピッチ外のことまで負担させたくはありませんでした。僕よりも年上の選手もいたので、その選手たちと一緒にチームをどうやって良い方向へ持っていくか、この苦しい状況をどう改善するかを考えていましたが、そういうことは上の年齢の選手が背負うことで、若手に背負わせるべきではないと思っていました」

リーグ戦全日程を終えて16位のレイソルは、2年連続で入れ替え戦へ回った。その年、J2の3位で入れ替え戦の出場権を手にしたのは、ヴァンフォーレ甲府だった。

ベンチで迎えたクラブ初のJ2降格

12月7日、山梨県小瀬スポーツ公園陸上競技場（現・JITリサイクルインク スタジアム）で行われた入れ替え戦第1戦は、1－2とヴァンフォーレがリードして迎えた後半アディショナルタイムに珍しいアクシデントが発生した。

矢野がドリブルでヴァンフォーレのペナルティーエリア内に侵入し、DFのタックルを受けて倒れた瞬間、ピッチを照らす照明が全て消え、スタジアムは暗闇に包まれた。両チームの選手はロッカールームへ引き上げ、照明が復旧した35分後に試合は再開されたが、残された数分だけではスコアを変えることはできなかった。

12月10日、第1戦に続き、ホームでの第2戦でも大谷はスタメンで起用された。第1戦を落としたレイソルには、勝つ以外に残留の道は残されていない。ところが、10分と27分のバレーの連続得点によって、早くも前半で窮地に立たされた。監督の早野は、36分に矢野に替えてフランサを投入。後半のスタートからFWの宇野沢を入れて攻撃的布陣へシフトチェンジするため、大谷はハーフタイムに交代を告げられた。

49分、2枚目のイエローカードをもらった永田充が退場。状況はいよいよ苦しくなった。それでも52分にはレイナウドが1点を返し、反撃の狼煙を上げた。静まり返っていた日立柏サッカー場のスタンドがドッと盛り上がった。

レイナウドはすぐにゴール内にあるボールを拾い、急いで自陣へ戻っていった。

「さあ、ここからだ!」

レイソルの選手たち、そしてスタンドを埋めたサポーターからも、そんな雰囲気が感じられた。

だが、直後のヴァンフォーレのキックオフから、レイソルの選手が一度もボールに触れないいま、バレーにハットトリックとなる強烈な一撃を決められてしまう。膨れ上がった反撃ムードは一瞬にして萎み、ベンチで戦況を見つめていた大谷も愕然とした。18年が経った今でも、あの光景を鮮明に記憶している。

「1点を返して、ここから逆転するというイメージが沸き上がる中で、それを打ちのめされた。キックオフからレイソルの選手が誰もボールに触れないで点を取られたのは、終わりを見せられた感じがして、ベンチにいてすごくがっくりきた」

反撃への期待の大きさがリバウンドし、精神的大ダメージとなってピッチ上のレイソルの選手たちに襲いかかった。ここからレイソルは一気に崩れた。

初冬の斜陽に物悲しく照らされた日立台は、もはやバレーの独壇場と化した。失点に次ぐ失点を重ね、バレー一人に6得点を奪われる記録的大敗でレイソルのクラブ史上初のJ2降格が決定した。凄惨な光景を目の当たりにし、スタンドで試合を見ていたメンバー外の選手の中には、つらさ、悔しさ、情けなさ、様々な感情が混在して涙を流す者さえいた。

ベンチで降格の瞬間を迎えた大谷は、この結果を受けて「良い選手が揃っていても、チームとしてまとまりがなければ勝てない」ということを痛感した。

「30人もいれば、気持ちが乗っている選手と、乗っていない選手が出てくるのは仕方がない。監督に見限られてしまっているのか、それとも調子が上がってくればまた戦力として扱ってくれるのか。そういった選手に誰かが声をかけているのか、声をかける選手がいないのか。2005年以降は、チーム内のそういう部分を気にかけるようになりました」

これが教訓となって、大谷のその後のキャリアに大きな影響を及ぼしていく。

再び訪れた降格の危機

1年でJ1に返り咲いたレイソルに、再び降格の危機が訪れたのは09年である。08年までヘッドコーチを務めていた高橋真一郎が新監督に昇格し、前監督の石﨑信弘が作り上げたプレッシングサッカーと守備をベースに、攻撃面を上積みすることでチームのレベルアップを図った。

高橋が目指したのは、選手個々の自由な発想を活かした多彩な攻撃サッカーである。ところが「自由」という言葉だけが先行し、それまで選手同士が共有していた戦術面の規律や約束事が曖昧になっていった。開幕7試合で5分2敗。いきなりスタートでつまずいた。

大谷は09年1月1日の天皇杯決勝で左膝を負傷し、オフに手術を行ったことによってこのシーズンは出遅れていた。背番号7が日立台に帰ってきたのは、天皇杯決勝から約半年後の5月30日、ナビスコカップの清水エスパルス戦である。

膝の状態と、結果の出ないチーム状況。この2つの懸念を、試合後にミックスゾーンに現れた大谷に問いかけた。

「90分出たけど膝は問題ないですね。次に向けてコンディションを上げていきます」

膝に関しては心配ない。ではチームの状況はどうか。1－2で敗れた試合を振り返る大谷の口から出たのは、反省の弁ばかりだった。

「ボールへのアプローチ、切り替え、前からプレスに行くところ。自分たちがやるべきことができていなかった。相手に先制されて、喝を入れられてからやるようではいけない」

前年までレイソルの強みでもあったプレッシングには陰りが生じ、チームは戦い方を見失っていた。エスパルス戦の敗戦でレイソルの公式戦の連敗は5まで伸びた。

勝星や勝点だけでいえば、05年よりも事態は深刻だった。リーグ戦折り返しの第17節終了時点で勝点15の17位。クラブは高橋を解任し、新監督のネルシーニョにチームの再建を託した。

7月19日、ネルシーニョの就任が公式に発表されたその日は、第18節・ガンバ大阪戦の開催日だった。指揮官不在のレイソルは、ヘッドコーチの井原正巳が監督代行として指揮を執った。

監督交代は時に〝劇薬投与〟と称されることがある。レイソルも試合開始直後からアグレッシブな動きでガンバゴールへ迫った。しかし守備のミスからPKを与え、ガンバに先制を許すと、瞬く間に反発力を失った。ピッチ上では、気落ちする味方選手に向かって、手を叩き、声を張り上げて鼓舞する大谷の姿があった。

「やるのは選手。強いエネルギーを持たないといけない。1失点で下を向いてもしょうがない。サポーターはいつも応援してくれるのに、選手が下を向いたり、1点を取られて諦めてしまっては勝てない」

このままズルズルと落ちるわけにはいかない。そんな思いから大谷は戦意を失ったチームに苦言を呈した。

夏場には浦和レッズに4－1、名古屋グランパスに3－2で勝ち、調子が上向く気配を感じさせたものの、残留を争うライバルチームとの直接対決6試合で、レイソルは3分3敗と負け越した。

特に第30節・モンテディオ山形戦の敗戦は致命的だった。

57分、セカンドボールを拾ったモンテディオがカウンターを仕掛けた。抜け出した宮沢克行がGK菅野孝憲をワンタッチでかわし、無人のゴールへ流し込んだ。大谷はカウンターを食い止められなかった自分に、失点の責任を向けた。

「クリさん（栗澤僚一）が責任を感じていたけど、俺が気づくべきだった。俺のミスです。みんな頑張っていたのに、ああいう失点をして申し訳ないです」

残留を争うモンテディオとの直接対決に敗れ、他会場ではヴィッセルと大宮アルディージャが勝利を収めたことで、16位のレイソルと残留ラインの15位との差は勝点9まで開いた。リーグ戦は残り4試合。もはや引き分けすら許されない状況へ追い込まれた。

崖っぷちの状況で生まれたベストマッチ

大谷をはじめ、05年の降格を経験した選手たちは、チームがまとまりを欠いた4年前と同じ失敗を繰り返してはいけないという思いから、選手同士でコミュニケーションを取り、日頃からチーム内のことに細心の注意を払っていた。06年にエスパルスからレイソルに復帰した北嶋秀朗も、彼らから当時の話を聞き、「チームがバラバラになることは絶対にあってはいけない」と、常にチームをまとめ上げた。

引き分けでも降格決定の可能性があった第31節のエスパルス戦を前に、選手たちは決起の食事会を開いた。「若い選手に責任を背負わせてはいけないから」と、試合に出ている選手だけでの決起集会だったが、若手の中で唯一試合に出ていた大津祐樹だけには声をかけた。

大津はこの年がプロ2年目のシーズン。大谷も2年目、3年目の若手時代に残留争いを強いられる苦しいシーズンを過ごしたとあって、大津の苦しみが身に染みてわかっていた。「祐樹もプレッシャーを感じていただろうから、少しでも楽にさせてあげたかった」というのが、大津を呼んだ理由だった。

決起集会では、食事をしながらそれぞれが思いの丈を語り、腹を割って話し合った。会の締めでは、選手一人ひとりが挨拶を述べた。ブラジル人選手のポポは「ミスが多くて、みんなに迷惑をかけて申し訳ない。だけど俺は試合に出たら全力で頑張る」と語り、仲間の前で涙ながらに頭を下げた。その姿に大谷も目頭が熱くなった。

残留争いという状況だけを見れば4年前と変わりはない。しかし残留に向けて選手が一体となり、熱い語らいをしたこの決起集会に象徴されるように、チーム内部の状況は、選手間に溝が生じていた05年とは雲泥の差があった。

エスパルスは第30節終了時点で首位の川崎フロンターレと勝点差5の4位につけており、優勝を射程圏内に捉えていた。順位を見ればレイソルの不利は明白だった。そんな一戦に臨んだレイソルは、それまでの試合から大きく布陣が変わっていた。前節までの数試合で左サイドバックを務めていた大谷は本職のボランチに戻り、左サイドバックにはこの試合がJリーグのデビュー戦となる大卒ルーキーの橋本和が抜擢された。右サイドハーフは本来ボランチの杉山浩太が務め、前線ではフランサと澤昌克が初めて2トップを組んだ。

杉山と大津が相手のサイドバックにプレッシャーをかけ、澤が豊富な運動量を活かして相手のボランチを牽制する。セカンドボールを争う中盤のせめぎ合いでは大谷と栗澤が存在感を示し、中盤から前線の守備が機能したことで近藤直也とパク・ドンヒョクのセンターバックコンビが的を絞り、エスパルスのFWを封じた。

25分、大谷は左サイドで起点を作った大津からパスを受け、そのままドリブルで縦に突進し、左足シュートでゴールネットを揺らした。36分には、中盤で枝村匠馬からボールを刈り取った大谷のパスから大津の追加点が生まれ、2－0とリードを広げた。

試合前のミーティングで、大津はネルシーニョからかなり手厳しい指摘を受けていた。ミーティング終了後、大津は「こんなに怒られたのに、なんで俺はスタメンなんだ？」と首を傾げたが、負けん気の強い大津は指揮官の叱責に結果で応えてみせた。

後半に入ってもレイソルは攻撃の手を緩めず、フランサの2得点、北嶋の1得点を加えてエスパルスを5－0と一蹴した。

ほんの少し前まで青息吐息だったチームは、突如として全く別のチームへ変貌を遂げた。優勝戦線の真っ只中におり、モチベーションの高い上位チームを相手に、爽快感に満ちた快勝劇。その背景には何があったのか、大谷が説明する。

「ネルシーニョ監督が夏に来て、選手の特徴や、誰がどこでプレーするのが一番適しているのか、それまではわからなかった部分があったと思うけど、あの試合はいろいろなものがハマった。浩太（杉山）が2列目に入って、3人目のボランチのような働きをしてくれて、そのプレーを翌年はバラ（茨田陽生）が引き継ぐことになる。ワタル（橋本）も出てきてピースがハマった感じがした。選手としては、あの試合以前に結果を出さなければいけなかったけど、みんなが手応えを掴んだ試合だった」

エスパルスを凌駕したこの試合は、のちに11年のJ1優勝へつながるスタンダードが確立された一戦という位置付けになった。大谷も自身のキャリアにおけるベストマッチの一つに、このエスパルス戦を挙げている。

戦術や選手の適性が噛み合わさったことも大きいが、選手が互いの意思を確認し合い、一体感を持って臨んだこともまた快勝劇を生んだ一因だろう。

「勝負事なので、勝つこともあれば負けることもある。そこはやってみないとわからない。もちろん準備段階で優位に立てるか、立てないかはあるけど、自分たちから崩れて相手に有利な状況を与えることは絶対にしたくなかった。それは1回目の降格の経験があったから。絶対に内側から崩れないようにしよう、チームがバラバラにならないようにしようという話は、他の選手たちにも伝えました」

大谷は、当時のチーム状況と自身が心がけていたことをそう語った。

降格はタイトル獲得と同等の出来事

続く第32節はアルビレックスに敵地で1－0と競り勝った。リーグ終盤にシーズン初の連勝を記録して残留に望みをつなげたが、第33節のアルディージャ戦を1－1で引き分け、レイソルは力尽きた。05年以来となる2度目の降格が決まった。

NACK5スタジアム大宮のミックスゾーンで、栗澤が自戒の念とともに指摘したのは、シーズン開幕当初に取り巻いていたチーム内の甘さだった。

「序盤戦で引き分けが続いたときに、『まだシーズンは長いから何とかなるだろう』という考えがチーム内にあった。途中から降格のプレッシャーを感じて必死になったけど、じゃあなぜ最初から必死にできなかったのか。チームに甘さがあった。俺も甘かった」

09年を振り返る大谷も、チームが最適解を見つけ出すのに第31節まで時間を要したことを「遅かった」と猛省し、当時の栗澤と同じ見解を述べる。

「まさか落ちるわけがないと、それを周りの人が思っているのは構わないけど、選手がそう思ってはいけない。開幕のスタートでつまずいたら巻き返すのが難しくなるし、試合で先制されたら、本来は0－0から自分たちが先手を取るために使うパワーを、まずは同点に追いつくために使わなければいけない。それはものすごくエネルギーを消費する。1点を取られてから『やばい』とスイッチを入れるのではなく、スイッチは最初から入れなければいけないし、勝てなかったことに対して『そのうち勝てるようになる』と思うのではなく、『今、この試合で勝たないと取り戻せない』という危機感を持って臨まなければいけない」

シーズン終了後には、契約満了や期限付き移籍終了といった契約面の関係で退団する選手を除き、移籍を志願する者はいなかった。他クラブからオファーを受けた選手もいたが、シーズン開幕当初に抱いてしまった甘さや気の緩みを多くの選手が自覚し、猛省した。だからこそ「このチームを1年でJ1に戻そう」と、全選手がレイソルに残る決断をしたのである。

「降格したのだから、最終的には自分たちの力が足りなかったことに尽きる。でも、そこで自分たちが最後まで最善を尽くしたのか、自分たちから崩れたのかでは大きな違いがある。早い段階でみんながレイソルに留まる決断をしたのは、それぞれがものすごく責任を感じていたからだと思います」

09年のラスト4試合で最適解を見出したレイソルは、その戦い方をベースに10年のJ2でチーム力を向上させ、2年後のJ1初優勝へ結びつけた。09年のエスパルス戦から最終節の川崎フロンターレ戦までの4試合は、クラブの歴史的に見れば、優勝へつながるターニングポイントになった。

それでも大谷は、絶対に降格を良しとはしない。チームのまとまりという点においては05年の教訓を生かすことはできたが、09年も降格したことに変わりはなかった。降格から這い上がり、

Ｊ１優勝へつなげたとはいえ、それはあくまで結果論。降格そのものに忸怩たる思いがあった。

18年、大谷は3度目の降格を経験した。そのシーズン終了後、年末に行ったインタビューで彼はこのように話していた。

「降格したという現実はもう変えられないから、この降格をきっかけに、この先変えられることに目を向けるべき。今年の反省を活かさなければいけないし、これをきっかけにレイソルが変わらなければいけない」

20年間のキャリアの中で、降格はタイトル獲得と同等の「大きな出来事」と大谷は言う。ただ、タイトル獲得が充実感に満ち溢れ、ポジティブな経験なのに対し、降格は選手のみならずクラブに関わる大勢の人を悲しませるつらい経験である。

「降格は選手にとってつらいことですし、応援してくれるサポーターも悲しませてしまいます。レイソルに関わる人たちには、もうそういう思いをしてほしくない。2度と落ちないクラブになってほしい」

大谷は後進たちにクラブの未来を託し、そう願っている。

2005年 12 月 10 日、ヴァンフォーレ甲府との J1・J2 入れ替え戦でチャンスを決められず悔しがる（右端）。この試合でレイソルは 2-6 の大敗を喫し、初の J2 降格が決定した【© J.LEAGUE】

第5章

恩師との出会い

オフのない過酷なキャンプ

2006年2月1日。鹿児島県霧島市内のホテルに、レイソルのチーム一行が到着した。割り当てられたホテルの一室に入った大谷は、渡されたキャンプのスケジュール表を見て目を疑った。18日間という長丁場のキャンプにおいて、完全オフが1日も明記されていなかったのだ。数えると、キャンプ期間内の練習は30回以上が組まれていた。同部屋の小林亮と「でも、どこかでオフになるでしょ」と話し、淡い期待を抱いてこの年のキャンプがスタートした。

前年12月の入れ替え戦でヴァンフォーレ甲府に敗れ、J2に降格したレイソルは、シーズンオフに13人がチームを離れ、16人の新戦力が加わるという大幅な選手の入れ替えが行われた。1月の始動の時点で30代の選手は一人もおらず、チームの平均年齢は23・18歳と若手主体に様変わりしていた。この若いチームを鍛え上げ、1年でJ1復帰を果たすために、かつて大分トリニータと川崎フロンターレを指揮し、J2の戦いを熟知した石﨑信弘に白羽の矢が立った。

石﨑が志向するのはアグレッシブな前線からのプレッシングと、攻守の切り替えの速いサッカーである。そのスタイルを確立させるべく、1月20日のチーム始動後は午前と午後の2部練習で、選手を徹底的に鍛え上げるトレーニングが続いた。石﨑が課す練習メニューには、プロ4年目を迎えた大谷も、過去3年間の経験とは比にならない過酷さを覚えた。

2月1日にキャンプが始まると、トレーニングはさらにハードになった。午前中は主にフィジカル系のメニューが入り、午後は戦術的な実戦練習を行う。足を止めずにプレッシャーをかけ続ける石﨑のサッカーは運動量が要求されるとあって、戦術練習などのボールを使用したメニューでも負荷は相当高く、キャンプ開始直後からほとんどの選手が全身筋肉痛になった。練習が終わるたびに、大谷と小林亮はオフがくることを期待して日程表の日付をペンで消していった。しかし何日経ってもオフは与えられず、「もうキリがない」と思った2人は、日付を消していく作業をキャンプの途中で諦めた。

そのキャンプ中には5つの練習試合が組まれていた。練習試合の日だけは2部練習ではなく午後のみだったため、石﨑は「練習試合の日の午前中がオフじゃろ」と言った。「それはオフじゃないから」というのが選手たちの言い分だった。「これでもワシは優しくなったんじゃよ。NEC山形（モンテディオ山形の前身）のときは3部練をしとったから」と石﨑は笑い飛ばした。

「午前練が終わって昼寝をしたら一瞬で午後練だし、夜も寝たらすぐに朝だし。疲れているから、練習が終わると部屋に帰って、すぐに寝る。キャンプではそういう生活をしていました」

大谷が「あまりのきつさに衝撃的だった」と振り返る06年のキャンプは結局、完全オフは1日もなかった。

2月18日、キャンプは無事に打ち上げになったが、選手たちは息つく暇もなかった。鹿児島空港から羽田空港に到着後、20日にフクダ電子アリーナで行われるちばぎんカップに出場するメンバーは、柏に戻らず直接千葉へ向かった。キャンプ終了から中1日でプレシーズンマッチを戦うという強行スケジュールである。

2カ月前の入れ替え戦第2戦のベンチ入りメンバーで、06年のちばぎんカップでも引き続きメンバー入りを果たしたのは大谷、南雄太、平山智規、小林祐三、加藤慎也の5人のみ。大半のメンバーが入れ替わった新生レイソルは、キャンプで取り組んできたハイプレスを体現した。出足の鋭いプレッシングで、前半はジェフユナイテッド千葉を押し込む時間を作ったが、疲労困憊で臨んだ試合とあって、運動量が落ちた後半に2つの失点を許した。しかし、0－2で敗れたものの、新チームが披露したアグレッシブな姿勢に、フクダ電子アリーナに駆けつけたレイソルサポーターから大きな拍手が送られた。

試合後の会見ではジェフの監督、イビチャ・オシムがレイソルのパフォーマンスを称賛した。

「今シーズンのレイソルはJ2ですが、良い選手が揃っていて強い気持ちを持っている。キャンプの練習試合ではJ1にも勝っているチームです。前線からものすごいプレッシャーをかけてきて、アグレッシブなサッカーをしていると思いました。今のJ1には、こういうサッカーをするチームはありません」

レイソルの選手たちも「キャンプでやってきたプレスの部分はできた」と、自分たちのサッカーに手応えを掴んだ。石﨑は疲労がピークに達している中でも、アグレッシブなプレッシングを見せてくれた選手に対して、会見では「よくやってくれた」と労いの言葉を述べながらも、「まだまだ鍛えなければいけないことが山ほどある」と2週間後に開幕するリーグ戦へ向けて、さらなるチームの練磨を明言した。

人生初の左サイドバック起用

J2の開幕を数日後に控え、石﨑はある問題を抱えていた。それは、大谷をどこで起用するか。ちばぎんカップでは4－3－3システムを用い、アンカーには愛弟子の山根巌を起用したため、大谷はベンチスタートになった。しかしサブに置いておくのはもったいない。そこで石﨑のたどり着いた考えが、大谷の左サイドバック起用だった。

実戦形式の練習開始前、石﨑が大谷に訊ねた。

「タニ、左サイドバックやったことあるか?」

「いや、ないです」

「できるやろ」

その日の練習で、大谷は人生で初めて左サイドバックでプレーした。数十分の実戦形式の練習を終えると、石﨑は「よし、できるな」と言って太鼓判を押した。決定に至る経緯は簡潔だった。

石﨑は大谷の左サイドバック起用の意図と狙いを説明した。

「当時はサイドに鈴木達也や谷澤達也がいたんだよね。だからタニには、オーバーラップをしてもらうというよりも左で攻撃の起点になってくれと、今で言うところの偽サイドバックって言うのかな。タニが左サイドでボランチのような動きをしたり、左サイドの攻撃を組み立てたり、サイドチェンジをしたり、新しい発見みたいな感じだったよね」

したがってミーティングでは、ホワイトボードを使って戦術の指示を出す際に、右サイドバックの小林亮のマグネットは上下動をさせて相手陣内の深い位置まで動かすのに対し、左サイドバックのマグネットは、高い位置でもせいぜいハーフウェーライン止まりだった。大谷も「イシさん(石﨑)も亮くんと同じ動きを求めていたわけじゃないし、それを俺に求めていたら左サイドバックは無理だった」と言う。

こうして大谷が左サイドバックに定着したレイソルは、J2の開幕7試合で6勝1分の好スタートを切った。

大谷は左サイドバックの他にも、石﨑から様々なポジションを任された。その代表的な試合が第11節、函館市千代台公園陸上競技場で行われたコンサドーレ札幌戦である。

開幕時の勢いに陰りが見え始めたレイソルにはケガ人が続出しており、第8節から3連敗を喫していた。しかもこのコンサドーレ戦は、攻撃を牽引してきたディエゴを出場停止で欠くという非常事態にも見舞われた試合だった。1トップを務めるのは初スタメンの李忠成。大谷は2シャドーの左で起用された。

9分にフッキに先制点を決められ、前半終了間際には岡山一成が右膝を負傷し、交代を余儀なくされた。メンバーに入っているDF登録の大島嵩弘は、U-18所属の2種登録選手だ。サブのセンターバックが高校生という事態が、レイソルの台所事情の苦しさを物語っていた。

石﨑が岡山に替わる交代のカードに選んだのは、スピードが武器のアタッカー、鈴木将太だった。この交代に伴い、大谷は左のウイングバックへポジションを移した。さらに54分、FWの宇野沢祐次が入る攻撃的な布陣に変わると、大谷は最終ラインまでポジションを下げ、小林祐、瀬戸春樹と組む3バックの中央に入った。

66分、李の気迫のこもったヘディングシュートで同点に追いつき、後半アディショナルタイムには相手DFのトラップミスからボールを奪い取った鈴木将が劇的な決勝点を決めた。満身創痍のレイソルは連敗を食い止め、昇格争いへ向けて息を吹き返した。

1試合の中で、大谷はトップ下、ウイングバック、センターバックとポジションを変えた。こうした事態を予測して、大谷が3バックに入る練習をしていたわけではなかった。ただ、「自分に求められることは理解していたし、やることがはっきりしていたからやりやすかった」と話すとおり、大谷は各ポジションで自分のやるべきことを理解していた。試合前のミーティングで監督の話を聞くのは選手として当たり前のことだが、自分のポジション以外の指示は流して聞く選手も少なくない。そこでも大谷は、監督が各ポジションの選手へ出す指示や要求に耳を傾け、そのポジションごとに与えられる役割を理解して常にピッチに立っていた。これは石﨑監督時代に限らず、どの監督の指揮下でも共通していたことである。

複数のポジションでの出場経験は、大谷のプレーの視野や個人戦術の幅を大きく広げた。一例を挙げると、サイドバックの視点で、ボランチの選手がどこでサポートしてくれれば助かるかを理解し、それを経験したあとに自分が本職のボランチに戻ったときには、味方のサイドバックがプレーしやすいように実践に移していた。

ハードなトレーニングで向上したフィジカル

シーズン中でも週に1、2回は2部練習が組まれ、石崎は選手を徹底的に鍛え上げた。大谷と近い世代の李、小林亮、谷澤、鈴木達といった選手たちは運動量が豊富で、走力系のトレーニングを大の得意としていた。

当時の練習メニューに、グラウンド1周を1分30秒以内で、それを18周から21周する6キロ走、ないしは7キロ走があった。前述の選手たちは皆、課されたタイムよりもかなり速いペースで我先にとばかりに突き進んでいく。「あいつらはそれが気持ち良いんだろうけど、俺は全然気持ち良くない」と言う大谷は、与えられた1分30秒のペースをきっちり守り続けた。ディエゴは外周のカーブに置いてあるカラーコーンの内側を走り、少しだけショートカットをして、1分30秒のペースで走り続ける大谷になんとか喰らいついていった。フィジカルコーチの古邊考功から「他の若い選手はタイムより速く走っているのに、なんでお前は速く走らないんだ」と指摘を受けたこともあった。

「1分30秒と言われているから、そのペースを守って走っているのであって、速く走らせたいなら、

1分20秒に設定してくれれば俺はそのペースで走ります。でも、そうするとディエゴが入れなくなりますよ」

大谷はそんな正論を古邊に言い返した。

また、こんなこともあった。S級ライセンスの受講者が、講習の一環でレイソルの練習見学に来ていた。指導者を目指す彼らの視線を浴びて、「よーし、どうせなら一番きつい練習をやろう！」と気合の入った石﨑は、普段よりも高負荷のメニューを課した。すると大谷が「イシさん、張り切りすぎ」とツッコミを入れた。石﨑は嬉々としていた。

ただ、大谷が「きついんだけど、選手は前向きに、楽しくやらせてもらった」と言うとおり、石﨑の明朗かつ裏表のない人柄もあって、どんなにきつい内容のトレーニングを課されても、チームは活気に満ち溢れ、前向きに明るく練習に取り組む雰囲気があった。

また、石﨑は「プロなんだから、サポーターに見てもらわないといけない」というサービス精神と、「隠すことは何もない」という持論のもと、レイソルの監督就任期間の3年間で一度も非公開にせず、すべての練習を公開した。気さくな性格の指揮官は、サポーターからも「イシさん」の愛称で親しまれ、練習終了後のファンサービスではサインや写真撮影を求められることが多かった。

試合では岡山が考案した『勝利のダンス』によって、勝利した試合のあとは「レッツゴー柏」のチャントに乗りながら、選手とサポーターが喜びを分かち合うスタイルが確立されたのもこのシーズンだ。残留争いに苦しんだ前年の重苦しい雰囲気はすっかり払拭されていた。06年は選手とサポーターが共闘する「一心同体」という言葉も生まれ、レイソルを取り巻くあらゆる環境がガラリと変わった1年でもあった。

高負荷のトレーニングは確実に成果となって表れ、大谷は試合で「動ける」という感覚を抱いた。日々のハードなトレーニングを積んだことによって、大谷のアスリート能力は飛躍的に向上していった。

どん底から這い上がり、全員で成し遂げた昇格

06年のJ2は13チーム編成で、各チームと4試合を戦う全48試合の長丁場だった。第3クールに入ると、昇格争いはレイソル、ヴィッセル神戸、横浜FCの3チームに絞られた。自動昇格は上位2チーム、3位はJ1チームとの入れ替え戦に回る。

9月13日、昇格争いの直接対決、第39節の横浜FC戦でアクシデントが発生した。73分、小村

徳男と交錯した大谷が負傷交代となり、救急車で横浜市内の病院へ運ばれた。検査の結果は右鎖骨骨折。全治1〜2カ月と診断された。

鎖骨の手術は無事に終了した。しかし入院中、病室のベッドに長時間横たわっていると、今度はシーズン序盤に相手選手と接触してダメージを受けていた腰が痛み始めた。ヘルニアの発症だった。鎖骨のケガが予定どおりに完治しても、ヘルニアのため戦列復帰が大幅に遅れた。レイソル、ヴィッセル、横浜FC、この3チームの順位が節ごとに入れ替わるスリリングな展開の第4クールに、大谷がピッチに立つことは叶わなかった。

12月2日に平塚競技場（現・レモンガススタジアム平塚）で行われたJ2最終節の湘南ベルマーレ戦をレイソルが3－0で勝利し、勝点1差で2位だったヴィッセルがベガルタ仙台に敗れたため、レイソルは最終順位でヴィッセルを追い抜き、逆転でJ1昇格を決めた。この試合にはメンバー外も含めた全選手が帯同しており、大谷は昇格決定の瞬間をピッチサイドで迎えた。

試合終了後、選手全員がピッチに集まり、スタッフやサポーターと昇格の喜びを分かち合った。「アウェーだし、優勝じゃないんだから」と胴上げを拒否する石﨑を、選手たちは半ば無理やり捕まえた。石﨑はサポーターの目の前で宙を舞った。NEC山形、トリニータ、フロンターレの3チームで昇格を逃してきた石﨑にとっては、これが初めての昇格だった。

大谷は悲嘆に暮れた1年前の降格を知る一人として、どん底から這い上がり、全員で成し遂げた昇格を心の底から喜んだ。選手とスタッフ、そして多くの報道陣で混雑する密集の中で、昇格の心境を問われた大谷は、「言葉にできないぐらいに嬉しいです！」と屈託のない笑顔を見せていた。

フランサの分は、お前らが走れ

年が明けて07年1月中旬。数日後に迫ったシーズンの始動に先立ち、一部の選手たちは日立台の練習グラウンドで、フィジカルコーチの古邊のもとで合同自主トレを行っていた。前年の負傷が癒えた大谷も、来たる新シーズンに向けて体を作り上げようと張り切っていた。その合同自主トレには、名古屋グランパスから移籍加入の古賀正紘の姿もあった。

自主トレにしてはハードな内容に、苦悶の表情を浮かべる古賀が大谷に問いかけた。

「名古屋の10年間よりもきついよ。キャンプはもっときついの？」

「まだ自主トレなんで、今日は全然、楽な方です。キャンプはやばいですよ」

「マジかよ……」

グランパスでの10年間、主力のセンターバックとして活躍した古賀も、レイソルの過酷なトレーニングには絶句した。

J1トップクラスのセンターバックである古賀は07年の補強の目玉だった。近藤直也、小林祐、石川直樹、そして石崎体制下では左サイドバックの大谷と、20代前半の若い選手の多い守備陣に、古賀は太い芯を通す存在になった。

シーズンの目標勝点は45。残留に必要な勝点は30台後半と言われているため、「45あれば問題なく残留できる」と石崎は説明した。

3月4日の開幕戦はセンセーショナルだった。絶え間なく浴びせるレイソルのハイプレスにジュビロ磐田はたじろいだ。フランサと菅沼実が2点ずつ奪って4-0というド派手な勝利に、日立柏サッカー場に駆けつけたサポーターは歓喜に沸いた。

それでも「4-0で納得するのではなく、5-0、6-0と取っていかないと。せっかくこれだけのサポーターの方々が見に来られたので、レイソルのサッカーは90分間戦い続けるというところをやっていかなければいけない」と試合後の会見で、選手によりアグレッシブさを要求するあたりは石崎らしかった。

07年のレイソルは、前年のJ2で頭角を現した李が一気にブレイクし、期限付き移籍先の愛媛

FCから復帰した菅沼が武者修行の成果を誇示した。彼らの躍動感溢れるエネルギッシュなプレーに、コンディション万全でシーズンを迎えたフランサが〝魔法使い〟の異名どおり攻撃に彩りを加え、チームにエンターテイメント性をもたらした。

来日初年度の05年は、ケガもあってわずか3試合しか出場できず、サポーターからほとんど支持を得られなかったフランサだが、06年以降は華やかなプレーで日立台を沸かせ、数多くの勝利をもたらした。フランサは、大谷がともにプレーした外国籍選手の中でも、特に印象深い選手の一人だった。

「彼だけ時間が違って、相手をコントロールできる。攻撃のアクセントになれるし、代わりのいる選手ではなかった。見ている人にとっては面白かったと思います。フランサのプレースタイルは、イシさんのやろうとしているサッカーとは真逆の部分も多い。それなのにフランサを使うイシさんを俺はすごいと思いますね。イシさんも上手い選手が好きだし、チームで一番上手いんだから、試合に出るのは当たり前だという感じに思っていたんじゃないですか。フランサの分は、お前らが走れやって。周りの選手も、走ればフランサから必ずボールが出てくることにやりがいを感じていたし、それがチームとしての形でもあったから、良い関係だったと思います」

肌で感じたJ1上位との力量差

開幕5試合は4勝1分で一時は首位に立ち、シーズン中盤も8試合で6勝2分と好成績を収めた。レイソルの武器であるプレッシングがハマれば、上位陣とも互角以上の勝負ができる。李、菅沼、鈴木達、夏の移籍で加わった太田圭輔、2列目を務める彼らは並外れた運動量を見せた。もし今の時代のように、GPSを使用して1試合の走行距離とスプリント回数を計測できていたなら、彼らは相当高い数字を叩き出していたはずである。

走るからには効率性も重要になる。左サイドバックの大谷は、菅沼との関係性を例に出し、プレッシングについて解説した。

「プレッシャーに行くことがチーム戦術だったけど、無駄に走らないということは考えていました。俺の前はミノル（菅沼）だったから、ミノルのところでボールを奪えなくても、プレッシャーに行かせることで結果的に自分のところで奪えればいい。ミノルがプレッシャーに出ていって、それに俺もついていくだけでは、やっぱり疲れるだけ。だったら行く回数に近い分だけボールを取れた方が、やっている方もプレッシャーに出ていく意欲が沸く。ミノルにしても、俺の言うタイミングでプレッシャーに出ていき、自分が取れなくても俺が取ってくれると思えば、プレッシャーに行くことに躊躇しなくなると思ってやっていました」

9月23日、第26節で川崎フロンターレを4－0で下し、目標の勝点45をクリア。勝点は46に達した。その時点で、3位の鹿島アントラーズとの勝点差は2だった。残り8試合の結果次第では、十分に上位を狙える位置につけていた。

ただし、プレスがハマれば爽快感のある勝利を収める反面、相手に対策されてプレスがハマらなければなす術なく敗れる。当時のチームはそんな二面性を抱えていた。

第28節のガンバ大阪戦は、そんなレイソルの弱みが顕著に表れた試合だった。攻守の切り替えの速さでリズムを掴んだレイソルは、51分にフランサのゴールで先制した。だが、ガンバには焦りの色が見られない。それどころか遠藤保仁は「早い段階で追いつければひっくり返せると思っていた」と冷静に試合を進めていた。ガンバの巧みなパスワークの前にレイソルのプレスは外され、形勢が逆転した。64分、68分の立て続けの失点で、レイソルは1－2で敗れた。

「ガンバは速攻と遅攻をうまく使い分けているので、うちが取りにいこうとしたところでかわされてしまう。そういう緩急のつけ方は見習わなければいけない。カウンターでもチャンスは作れるけど、それ一つだけでは厳しい。ビルドアップを含めて緩急をつけられるようにならないといけない」

大谷は優勝戦線にいるチームとの力量差を肌で感じた。他の選手たちも「ガンバは強かった」と本音を漏らし、1－2というスコア以上の差を突きつけられた感覚を抱いていた。

目標の勝点45をクリアして以降、シーズンのラスト8試合は1勝1分6敗に終わった。34試合を終えた07年の最終順位は、勝点50の8位。昇格チームとしては上出来だが、戦術面における引き出しを増やさなければ、上位進出が難しいことを物語る結果でもあった。

イシさんと一緒に元日まで戦おう

08年は前年の課題を改善するため、積極的な補強が行われた。新外国籍選手には攻撃力の増強を期して、韓国の慶南FCから06年Kリーグベストイレブンのポポ、アビスパ福岡からは07年のJ2で26得点をマークしたアレックスが加わり、石崎がかねてから「欲しい選手」として名前を挙げていた杉山浩太をエスパルスから期限付き移籍で獲得した。横浜FCの菅野孝憲は2年連続のオファーに応えてレイソルを新天地に選び、そこに夏の補強ではFC東京から栗澤僚一が加わることになる。

目標勝点は前年を上回る55に設定。具体的にはリーグ5位を目標に据えた。

フランサのスーパーゴールが炸裂した第20節・浦和レッズ戦や、村上佑介のハットトリック鮮烈デビューの第28節・大宮アルディージャ戦など、インパクトを残した試合はいくつかあった。だが、前年ほどの勢いは見られなかった。大谷は考え得るいくつかの原因を挙げた。

「チームとして引き出しが多かったわけではなかったので、自分たちがボールを持たされたときに、どうやって再現性のある攻撃をやっていくかというところでは、まだまだ力が足りなかった。それに、あの年は開幕前からケガ人が多くて、そこを含めてシーズンの入りからうまくいかないところがあった。前年の勢いに比べて、何か乗りきれない。対戦相手から『レイソルのサッカーはこうだ』と対策される中で、自分たちがそれを上回るものを出せなかった」

11月27日。その日は冬の到来を感じさせ、鉛色に広がる空からは今にも雨が降り出しそうだった。数人の選手たちはネックウォーマーを身に付け、ピステを着て練習場に出てきた。

選手が集合すると、練習開始前に石﨑から去就についての話があった。それは、このシーズン限りでレイソルの監督を退くという内容だった。選手全員が言葉を失った。

そして話の最後に石﨑は言葉を紡いだ。

「ワシは1日でも長く君たちとサッカーがやりたい。天皇杯は決勝まで行こう」

練習が始まり、突然の報せに落胆しつつ、選手たちはジョギングを開始した。大谷も走りながら涙を堪えていた。

「空元気でもいいから声を出せ」

これはレイソルの監督に就任した当初から、石崎が選手たちに常々かけていた言葉である。消沈ムードだったこの日の練習で、誰よりも声を出し、雰囲気を盛り上げていたのは石崎だった。

その時点でリーグ戦は残り2試合。第32節終了時の勝点は43と、最後に2連勝しても目標の勝点55には到達しないが、天皇杯ではベスト8まで残っていた。石崎の退任に落ち込んでいた選手たちは、気持ちを切り替えて結束した。

「イシさんと一緒に元日まで戦おう」

その日以来、これがチームの合言葉になった。

12月20日の天皇杯準々決勝で、サンフレッチェ広島と3－2という撃ち合いを制したレイソルは、29日の準決勝へ駒を進めた。準決勝の会場は、静岡県小笠山総合運動公園スタジアム、通称エコパである。

準々決勝を終えてから、大谷は左膝に違和感があった。特にプレーに支障がなかったため、普段どおりに練習をこなしていたが、前々泊で現地入りした試合2日前に膝の痛みが強くなった。28日の前日練習では左足でボールを蹴ることはおろか、あまりの痛みで階段の昇り降りさえ厳しくなっていた。石崎やメディカルスタッフと話し合った末に、準決勝を回避することになった。29日の準決勝の相手はFC東京。31分、この夏に栗澤と入れ替わる形でFC東京へ移籍した鈴木達の手痛い恩返し弾でレイソルは先制を許した。

後半開始と同時に、石崎は太田に替えてフランサを投入した。68分、左サイドをオーバーラップした石川の滞空時間の長いクロスを、ファーサイドのアレックスがヘディングで落とす。ペナルティーエリアに入ってきたフランサは、寄せてきた今野泰幸をトラップで置き去りにすると、目の前に立ちはだかるGK塩田仁史の股下を丁寧なインサイドキックで通し、ゴールへ流し込んだ。

そして88分、フランサからリターンパスを受けた李が左足を振り抜く。鋭いミドルシュートがゴール右上部に突き刺さり、土壇場でレイソルが逆転した。雄叫びを上げながら、ベンチに向かって歓喜の抱擁を求めてきた李から、石崎は一目散に逃げた。得点を決めた選手と握手をした直後に失点したという過去の経験から、「試合中は選手には絶対に触らない」という石崎のルールがあるからだった。

痛みを押して出場した08年度の天皇杯決勝

レイソルはついに元日決勝までたどり着いた。しかし、大谷の膝の痛みは引かなかった。準決勝を終えて柏へ戻ったあとに、石﨑からは「プレーができるなら決勝には使う」と言われた。タイトルが懸かる大事な一戦にして石﨑と戦える最後の試合。大谷は絶対に決勝には出たかった。

練習ではボールを蹴るたびに激痛が走った。プレーできる状態かどうかを見極めようと、石﨑は練習中の大谷のプレーを注視していた。大谷は痛みがあることを悟られないように、表情に出そうなときは石﨑に背を向け、顔をしかめた。

ケガで準決勝を回避したという情報はメディアの間でも共有されていた。前日練習を終え、取材に訪れていたメディアから膝の状態を聞かれた大谷は、「決勝はやるつもりです。少しでも良い状態にして臨みたいと思います」と出場への意欲を示していた。

09年1月1日、国立競技場。決勝で対戦するガンバは、このシーズンはACLで優勝し、12月のFIFAクラブワールドカップでもベスト4まで勝ち進んだため、1年を通じて異例とも言える過密日程をこなしていた。天皇杯決勝が実にシーズン61試合目。体力的なアドバンテージはレイソルの方に分があった。

「痛み止めと、試合中のアドレナリンでなんとかなる」

痛みを堪えていた左膝は、前半の途中、途端に痛みが引いた。ハーフタイムに、膝の状態を心配して声をかけてきたスタッフには「もう痛くない。治ったみたい」と伝えた。

疲労の色が濃いガンバに対し、石崎は勝負に出た。準決勝同様、後半のスタートからフランサを、さらに58分には李を投入した。太田、ポポといったスピードと運動量のある選手をスタメンで起用し、前線からプレッシャーをかけてガンバの体力を削ぎ落とす。そして相手の足が止まってきた後半に、フランサと李を入れて攻撃のギアを上げる。事前に思い描いていたゲームプランを実行に移した。

一方、ガンバの遠藤は、レイソルの攻撃の切り札であるフランサを「脅威になる選手」と警戒しながら、「守備をしないから、僕らにとってメリットもある」と捉えていた。攻撃へシフトチェンジしたため、前半に比べればレイソルの前からの守備の圧力は確かに弱まっていた。試合巧者のガンバは、そこで生じたわずかなスペースと時間を使ってボールを動かし始めた。リーグ戦では過密日程の影響もあって8位と振るわなかったガンバだが、ＡＣＬを制し、クラブワールドカップでは3位になった経験値が、大舞台が初めての選手たちを飲み込んでいった。

ボールを奪っても前に行けないレイソルは、ガンバの波状攻撃を浴びた。そして延長後半まで

0－0で耐え続けた守備が、試合終了目前に決壊した。

ボックス付近までポジションを上げた遠藤が右足アウトサイドの横パスを出した。そのパスを受けようとゴール前に入ってきた倉田秋は小林祐が食い止めた。だが、ルーズボールが播戸竜二のもとへ転がった。懸命に寄せた石川が一度はシュートをブロックしたが、播戸はすぐにこぼれ球に反応し、再びシュートを放った。石川のカバーに回った大谷の目の前で、無情にもボールはゴールを割った。116分の失点に、レイソルの選手たちは頭を抱えた。この失点で、レイソルは優勝を逃した。

恩師と過ごした濃厚な3年間

表彰式が行われている最中、大谷はピッチからガンバの選手たちの喜ぶ姿を見上げていた。自分たちとガンバとの差は何だったのか。それを理解するためにも「見なければいけない」と自分自身に命じ、カップを掲げる勝者の姿を目に焼き付けていた。

「イシさんから『胸を張れ』と言われたけど、やっぱり結果を出したかった。この経験を活かして、個人としてもチームとしてもレベルアップして、またこういう場所に戻って来られるようにしたいと思います」

試合後には、準優勝チームのキャプテンとして、感情を抑えながら気丈に報道陣の取材に対応した。

後日、大谷の左膝は軟骨損傷、全治3カ月と診断され、決勝の1週間後に手術を受けた。試合中に痛みが治まったのは、剥がれかけていた軟骨が完全に剥がれてしまったことによって治まっただけで、ケガの程度は重傷だった。

そして決勝で感じたガンバとの差は、のちに11年のJ1で優勝して同年のクラブワールドカップでベスト4まで勝ち上がり、ACLでアジアの強豪クラブと対戦するなど、ガンバと同じ土俵に立ったことで明確になった。

大谷はその差をこう話す。

「俺たちは、イシさんと1日でも長くサッカーをやりたい、イシさんと優勝したい。その思いで決勝まで行ったけど、リーグ戦でACLの出場権を逃していたガンバは、天皇杯優勝の先にあるACL出場を見ていた。見ていたものが違うという決定的な差がありました。その差が、あのときの結果になったと思います」

それから4年後、13年の天皇杯決勝で、レイソルは再びガンバと対戦した。そのシーズンのリーグ最終節でACL出場権を逃し、「天皇杯で優勝して再びアジアの戦いに行く」という強いモチベーションを抱いていたレイソルは、ガンバを1－0で下して4年前のリベンジを果たした。石﨑は観客の一人として、国立競技場のスタンドから教え子たちの戴冠を見届けた。

石﨑と過ごした3年間を大谷が振り返る。

「イシさんはレイソルの監督を3年しかやっていなかったのかって、そう思うぐらい濃厚な時間でした。若い頃にイシさんに鍛えてもらったおかげで、自分はプロで戦っていくフィジカルを作れたので、出会っていなかったら20年やれていたかどうかわからない。イシさんは恩師の一人です」

感謝してもしきれない。そんな様子で石﨑への思いを言葉にしたあとに、笑いながら本音も付け加えた。

「でも、あのきついトレーニングをまたやりたいかと言われたら、もう二度とやりたくないですけどね」

21歳という選手として伸び盛りの時期に石﨑と出会い、課されたハードなトレーニングを通じてアスリートとしてのフィジカルベースが出来上がった。そして左サイドバックを中心に、3バック、トップ下、ウイングバックなど、本職以外の複数のポジションを任されたことによってプレーの幅を広げた。

さらに、大谷をレイソルのキャプテンに任命したのも石崎だった。キャプテンという責任ある役職は、大谷をサッカー選手としてだけではなく、人としても大きく成長させていくことになる。

J2に降格した2006年のキャンプはオフが1日もない過酷なキャンプだった。大谷（右から3人目）の前を走るのは当時のチームを引っ張った北嶋秀朗と南雄太【Ⓒ柏レイソル】

第6章

キャプテン

スタンドから見守った唯一の決勝

クラブ創設30周年を迎えたレイソルのクラブ史において、大谷が2011年のJ1優勝のシャーレを掲げる姿は、煌びやかな歴史の1ページとして刻まれている。

表彰式でプレゼンターから優勝カップを手渡され、それを掲げる役目を大谷は「キャプテンの特権」と言う。J1優勝の他にも、10年のJ2、12年のスーパーカップと天皇杯（12年度）、14年のスルガ銀行チャンピオンシップなど、レイソルのタイトル獲得時は大谷がカップリフトの大役を務めてきた。ただ、13年のナビスコカップだけは、表彰式に立つことができなかった。

13年10月12日、ナビスコカップ準決勝第2戦の横浜F・マリノス戦。38分に、大谷は大会通算2枚目のイエローカードをもらい、決勝は出場停止になった。

「自分が決勝に出られないことはチームに申し訳ないけど、自分が出ることよりもチームが決勝に出ることが大事。自分が出られないからといってチーム力が落ちることはない。僕とワタル（橋本和）が出場停止で出られないことで、他の選手たちの頑張ろうという気持ちの後押しになると思う。試合に出る選手のために、しっかりとサポートしていきたい」

大谷は自分の出場停止を悔やむのではなく、毅然とした態度でチームの決勝進出の重要性を説いた。

逆のブロックを勝ち上がったのは、準決勝で川崎フロンターレを下した浦和レッズだった。期せずしてレイソルとレッズは、リーグ戦の第30節とナビスコカップ決勝を2週連続で戦うシチュエーションになった。

前哨戦とも言うべき10月27日のリーグ戦でレイソルが1-2で敗れたこと、さらに決勝では大谷と橋本が出場停止、鈴木大輔とキム・チャンスが負傷欠場、山中亮輔が体調不良と、主力5人を欠くレイソルに対し、レッズはベストメンバーが予想された。決勝前日の公式練習の場では、取材に訪れたメディアに「レッズ圧倒的有利」という雰囲気が濃厚に漂っていた。

出場停止の大谷に代わってゲームキャプテンを務める栗澤僚一は、国立競技場での練習終了後、報道陣に囲まれた。

「1週間前の結果は関係ありません。決勝は一発勝負。それまでの因果関係をなくしてしまうほどの雰囲気がある。J1優勝のときも、天皇杯優勝のときも、俺たちは負ける気がしなかった。チームの一体感がそういう雰囲気を醸し出してきたと思うので、明日の決勝でもそれを前面に出していきたい」

そして工藤壮人。

「大舞台で結果を残してこそ、レイソルの9番なんです。明日は僕がゴールを決めて、チームを優勝に導きます。試合に出られない全員の気持ちを背負って臨むつもりです」

11月2日の決勝は、立ち上がりからレッズの攻撃を浴びる苦しい展開を強いられた。それでも前半アディショナルタイム、試合中に負った右膝前十字靭帯損傷の痛みを抱えながら放った藤田優人のライナー性のクロスから、工藤の渾身のヘッドがGK山岸範宏の手元を射抜いた。

優勝したんだから出なくてよかった

大谷は国立競技場のスタンド上部にある関係者席から、他のメンバー外の選手たちとともに試合を見ていた。ピッチ上では常に冷静な彼も、このときばかりは「ハラハラして、心臓が痛くなりそうだった」と、緊迫した展開に固唾を飲んで仲間の戦いを見守っていた。

試合時間が80分を過ぎた頃、メンバー外の選手たちはスタンドからベンチへ向かった。階段を降りている途中で大歓声が聞こえた。「どうなった!?」。皆が顔を見合わせた。ピッチ上では、栗澤のシュートを山岸がセーブし、コーナーキックになっていた。その歓声だった。

ピッチレベルに降りたメンバー外の選手たちはベンチ脇で肩を組み、戴冠の瞬間を待った。90

分、興梠慎三の得点が決まったときは全員が言葉を失った。その直後、副審に確認を取った主審の扇谷健司が、左手を挙げて笛を吹いた。オフサイドの判定に、ピッチサイドにいた選手の中には「よっしゃあ！」とガッツポーズを作って叫ぶ者もいた。大谷もノーゴールにホッと息をついた。

90＋5分、増嶋竜也がクロスボールを跳ね返し、試合終了のホイッスルが鳴った。前半に工藤が挙げた1点を守りきったレイソルが、14年ぶり2度目のナビスコカップを手中にしたのだ。

大谷は、用意してあった27番のユニフォームを、あえて背番号が見えるように前と後ろを逆にして着た。決勝の3日前の練習中に左足を骨折し、病院へ緊急搬送されたキム・チャンスのユニフォームだった。直前の大ケガで、現場にいることさえ叶わなかった仲間の気持ちを酌んだ行動だった。

病室のテレビで決勝を見ていたキム・チャンスは、画面に映った工藤と大谷が自分のユニフォームを着ていることに驚いた。試合終了からしばらくすると、キム・チャンスの携帯電話が鳴った。

「チャンス、優勝したぞ！」

大谷から優勝の報告だった。他の選手からも続々とメールが届いた。そのとき、キム・チャンスと一緒に病室にいた彼の婚約者は、チームメイトの思いやりに感激し、目を潤ませていた。

13年のナビスコカップ優勝は大谷にとって、J1とも天皇杯とも異なるタイトル獲得の景色だった。現役時代に手にしたタイトルの中で唯一、ピッチに立てなかったナビスコカップの決勝。選手としては、やはりあのピッチに立ちたかったのではないか。その質問に大谷は首を横に振った。

「俺がピッチに立っていたら負けていたかもしれない。優勝したんだから、決勝は俺が出なくてよかったんだと思います。タイトルを取ってくれたみんなには、本当に感謝しています」

23歳でのキャプテン就任

大谷がレイソルのキャプテンに就任したのは、前述のナビスコカップ優勝から遡ること5年前の08年である。

キャプテンだった明神智和が06年にガンバ大阪へ移籍し、その後任を務めたのは南雄太だった。南はリーダーシップを発揮し、チームをよくまとめていたが、監督の石崎信弘にはフィールドプレーヤーをキャプテンにしたいという意向があった。

08年1月のグアムキャンプで、監督と選手の個人面談が行われた。その面談の席で石﨑から年齢を聞かれた大谷は「23です」と答えた。すると、こう告げられた。

「そろそろキャプテンやれや」

プロ6年目を迎え、若手から中堅という立場に変わりつつあったとはいえ、大谷自身も「23歳の俺に、よくイシさんはキャプテンをやらせたと思いますよ」と笑う。

フィールドプレーヤーにキャプテンを置きたいのであれば、北嶋秀朗や古賀正紘といった年長者で、かつチーム内で信頼を得ている選手もいたはず。ではなぜ、石﨑は大谷にキャプテンを任せたのか。それには以下の理由があった。

「タニはアカデミー出身で、レイソルの歴史をよく知っている。特にJ2に落ちたときは雰囲気が悪かったと聞いていたから、その状況を知っている人間がやればいいと思ったんだよね。それにタニは動揺しないだろ。あいつが動揺しているところをワシは見たことがない。ドシっとして落ち着いているし、年上の選手にも意見することができるからね」

石﨑の提案を断る理由はなかった。即決でキャプテンを引き受けた。

大谷が「キャプテン」と聞いて、真っ先に思い浮かべる選手はドゥンガだ。1990年、94年、98年と3大会連続でワールドカップに出場したブラジル代表のボランチで、95年から4シーズンをジュビロ磐田でプレーしていた。代表でもジュビロでもキャプテンを務め、強烈なリーダーシップでチームを束ねた闘将である。

ただ、ドゥンガのように熱くチームを引っ張るタイプではない自分が、キャプテンになった途端、いきなり闘将のように熱く振る舞うのは違うのではないかとも感じていた。キャプテン就任当初、大谷は自分なりのキャプテン像を模索していた。

自然体でいること

その答えを導き出したのは、北嶋と南、先輩2人との語らいだった。試合が終わると、大谷、北嶋、南の3人は、よく食事をしながら試合を振り返り、サッカーについて語り合っていた。

シーズン序盤の試合後、いつものように3人で食事をしていると、キャプテンについての話題になった。大谷は、自分がイメージに抱くドゥンガのように、チームを奮い立たせるためには時に熱く、強い口調で味方選手を叱咤した方がいいのだろうか。そんなことを2人の先輩の前で口にした。

「タニらしくやればいいいんだよ」

南のこの言葉を受けて、フッと肩の力が抜けた。キャプテンという立場を与えられ、無意識のうちに力んでいたことに気づかされた。

大谷は15年前を思い返す。

「当時は年齢的にも真ん中より下でしたし、自分よりもキャリアのある選手もいた中で、キャプテンという責任ある立場になったことで力が入っていた部分は少なからずあったと思います。でも、南さんからそう言ってもらえて気持ち的に楽になりましたし、俺の目の届かないところは、南さんとキタジさん（北嶋）がサポートをしてくれたことで成り立っていたと思います」

腕章を巻く身であっても肩肘を張らず、自分がやることはそれまでと変わらない。もともとチーム内のことには目が行き届き、年齢に関係なくピッチ上では要求も意見もできるため、特別に何かを変える必要はなかった。自然体でいることこそが、大谷らしいキャプテンのあり方だった。

ただ、キャプテンを任されたことで生じた変化もあった。プロ加入から最初の5年は、少し髪を伸ばし、茶髪にパーマという年相応の若者らしい髪型だったのが、チームを代表して人前に出る機会が増えたことで黒髪短髪に変えた。公の場ではレイソルのことを知らない人も大勢いる。そういう人たちに対して、レイソルというチームが自分の身なりで誤解されてはいけないという大谷の配慮があった。

キャプテン就任以前からチーム内のことは気にかけていたが、キャプテンになってから特に目を配るようになった。試合出場から遠ざかっている選手や、気持ちが乗っていない選手への声かけ、試合で致命的なミスを犯した選手へのフォローなど、チームという一つの集団から脱落者が出ないように、そして全員が同じ方向を向いて前進できるように、チーム内のマネジメントには細心の注意を払った。かつてチームがバラバラになり、降格という結果を招いた05年の経験から得た教訓でもあった。

日本人選手、外国籍選手を問わず、新加入選手が来たときも、大学生や高校生の練習生に対しても、大谷は自分から歩み寄り、声をかけ、彼らの話し相手になった。

「俺がユース時代にトップチームの練習参加に行ったときは、キタジさんやタマさん（玉田圭司）がよく話しかけてくれたので、自分もトップチームでは練習生に声をかけることを意識していました。練習参加に行く選手はただでさえ緊張しているし、彼らは名前を呼ばれただけでも嬉しいだろうから、積極的にコミュニケーションを取るようにしていました。そういう部分を気にかけていたのは、キャプテンをやっていたからだと思います」

敗れた試合のあとは、下を向く選手に「応援してくれたサポーターの前では顔を上げよう」と促し、足取りの重い選手たちを引っ張っていった。試合後は、勝敗や出場の有無にかかわらず、必ずSNSを通じて責任のあるメッセージをサポーターへ向けて発信するなど、様々な場面でキャプテンシーを発揮した。

腕章を誰に渡すか

試合中に交代で退くときは、ピッチにいる選手にキャプテンマークを託してからベンチへ下がる。誰に渡すかの判断は、大谷に委ねられていた。

11年10月2日、J1第28節・鹿島アントラーズ戦。1－0とレイソルのリードで迎えた42分に、センターバックのパク・ドンヒョクがその試合で2枚目の警告を受けて退場になった。ネルシーニョがFWの澤昌克に替えて安英学を投入した。北朝鮮代表として10年の南アフリカ・ワールドカップにも出場したこの経験豊富なボランチを、指揮官はセンターバックに置いたのである。

試合終盤、長時間に渡って数的不利を強いられたレイソルの選手たちに疲労の色が見え始めた。広範囲を走り回っていた大谷にも疲労が蓄積し、足が攣った。79分、大谷は中島崇典との交代でベンチに下がる際に、キャプテンマークを安英学に託した。

残りの約10分間、レイソルはアントラーズの猛攻を耐え、1点のリードを守り抜いた。

「ヨンハさん（安英学）は、それまでの試合でメンバーに入れなくても、真摯にサッカーに向き合って、練習して、時には若い選手にアドバイスを求めたり、あれだけのキャリアのある人が成長するために努力している姿をみんなが見ていました。俺は交代でキャプテンマークを渡すときに誰に渡すかを考えるんですけど、あの試合は鹿島の攻撃を受けなければいけない状況だったから、マス（増嶋竜也）やスゲ（菅野孝憲）ではなくて、ここはヨンハさんに託すべきだと思いました。ヨンハさんは普段の行動でみんなからの信頼を集めていたし、あの試合でも途中からセンターバックで出て、体を投げ出して守ってくれていましたから。そのヨンハさんのエネルギーに、みんなが最後まで引っ張られたと思います」

カシマサッカースタジアムは、95年のJリーグ参入以来、レイソルがリーグ戦で一度も勝てていないスタジアムだった。数的不利の状況下で、ピッチに立った選手がタフに、かつ賢く戦い、しかも安英学や中島といったそれまで出場機会の限られていた選手が、本職ではないポジションで奮闘を見せた。鬼門突破に至る筋書きは、あまりにもドラマチックだった。

「タニからキャプテンマークを渡されて、気が引き締まる思いでした」

腕章の重みを意気に感じ、チームを引っ張った安英学は「この勝利で、レイソルはこれからどんな山場が来ても乗り越えられると思います」と試合後に語った。その言葉どおり、アントラーズ戦以降のラスト7試合を6勝1分で終えたレイソルは、初のリーグタイトルを手にした。

「あのとき、ヨンハさんにキャプテンマークを託したのはファインプレーだったと思います」

大谷は、当時の行動を自画自賛した。

俺が話を聞くから、みんなは戻れ

キャプテンのファインプレーという観点から、もう一つ特筆すべき試合がある。17年のJ1第12節・ジュビロ磐田戦だ。

5月20日、ヤマハスタジアム。スカウティングとは異なるジュビロの戦い方に、試合序盤は多少の戸惑いが見られたものの、5連勝中と好調のレイソルはすぐに相手の出方にアジャストした。そして44分、右サイドの伊東純也が入れたグラウンダーのクロスを、ニアへ走り込んだ中川寛斗がコースを変え、ゴール前のクリスティアーノが豪快に決めて先制点を奪った。

53分には、ライン間でパスを受けた中川が、左サイドから斜めの動きでゴール前へ入ってきた武富孝介にスルーパスを送った。武富は飛び出してきたＧＫカミンスキーと接触。主審の福島孝一郎はホイッスルを吹き、ＰＫスポットを指した。

ジュビロの複数の選手が福島を取り囲み、ファウルではなく正当なプレーだと主張した。福島だけでなく、副審の山内宏志にもジュビロの選手が詰め寄り、ジャッジの是非を求めた。収拾のつかない事態に、福島は山内のもとへ行き、お互いに持っている情報をすり合わせた。山内の角度からは、ボールにコンタクトしたカミンスキーのプレーがはっきりと見えていたため、その情報を福島に伝えた。

「これはジャッジを変えるべきだ」

そう判断した福島は、レイソルに与えたＰＫを取り消し、ジュビロのドロップボールで試合再開を告げた。

こうなると今度はレイソルの選手が黙っていない。カミンスキーと武富との接触でこぼれたボールは、ペナルティーエリア内で小池龍太が拾っていた。プレーが続行していれば、レイソルは大きなチャンスを迎えたはずだった。そのチャンスがなくなり、ＰＫが取り消された上に、相手のドロップボールでの再開である。納得がいかないのも無理はなかった。

新進気鋭のセンターバック、中谷進之介が猛然と駆け上がってきた。そこに３人、４人と他の選手たちも続いた。ただ、彼らが抗議するよりも先に、大谷がチームメイトと福島の間に割って入った。

「俺が話を聞くから、みんなはポジションに戻れ」

その時点でレイソルは1－0とリードしていた。試合の流れも良い。大谷はPKの取り消しよりも、このジャッジによってチームが冷静さを欠き、それまでの良い流れを失ってしまうことを懸念した。熱くなりかけたチームメイトを落ち着かせ、全員をポジションに戻らせると、大谷は福島の説明を受けた。

そのときの大谷とのやり取りを、福島は回顧する。

「大谷さんは声を荒げることも、攻撃的な様子もありませんでした。とても落ち着いた様子で『どうしてですか?』と聞かれたので、状況を説明して、『こういう理由でPKを取り消し、ドロップボールで再開します』と伝えました」

また大谷も、審判団との会話とジャッジに対する彼の所感を、ジュビロ戦後の取材でこのように述べた。

「主審からは、自分の見解と副審の見解が違ったということで、主審の方が間違いを認めてPKを取り消したということでした。それはルール上ではOKなので仕方ないですね。際どいジャッジだったと思います。もちろん大きな判定でしたけど、自分たちが追加点を取れるチャンスがなくなったわけではないので、必要以上に落胆することはありませんでした」

敵対することに何の得もない

審判団との話し合いが終わり、試合が再開する直前にも、大谷は周囲の選手たちに再度「切り替えろ」と声をかけた。ＰＫ取り消しという異例のジャッジにもリズムを失わず、その後もペースを握り続けたレイソルは、74分にカウンターから中川が追加点を決めて２－０で勝ちきった。

「みんながあの判定に対して、あの瞬間は思うことがあったとしても、チームとして全員が切り替えられて、試合に集中した結果、勝てたと思う」

大谷が強調するのは、あくまでチーム全体で事態を乗り越えたということである。ただ、このときのレイソルは、中谷、伊東、小池など、メンバーの大半が20代前半の選手で構成された若いチームだった。

もしキャプテンの大谷が先頭に立ってジャッジに対する不満を述べ、長時間に渡って主審への抗議を続けていたなら、若い選手たちはキャプテンに続けとばかりに一緒になって抗議を繰り返し、チーム全体が冷静さを欠いてしまう恐れもあった。鎌田次郎は「タニくんが落ち着かせていなかったら、もしかすると違った結果になっていたかもしれない。ああいうところのコントロールはさすがです」と、キャプテンのチームマネジメントに敬服した。

それから約8カ月後の18年1月。鹿児島県指宿市で行われたキャンプの練習試合で、福島が主審を務めた。

「去年のジュビロ戦ではご迷惑をおかけしました」

挨拶を兼ねて、福島が前年のジャッジの件を詫びると、大谷は「気にしてないですよ」と笑顔で返した。

あのジュビロ戦から6年が経った。主審という立場から、現役時代の大谷は福島の目にどのように映っていたのだろうか。

「主審と冷静にコミュニケーションを取れる選手は大勢いますし、大谷さんもその一人です。もちろんジュビロ戦のような大きな事象では審判と細かい会話をしますが、どちらかというと大谷さんはジャッジを受け入れて、すぐに次のプレーへ切り替えていた印象があります。ただ、試合前には大谷さんの方から話しかけてくれたり、ちょっとした世間話をしたり、そういう姿勢から審判へのリスペクトを感じました」

大谷は当時の一件を含め、ジャッジの捉え方と現役時代における審判との関わり方をこう話す。

「選手も毎年、ルール講習会を受けますが……、まあ、わかりづらいものです。何回も映像を見たり、スローで見ればわかりますけど、オフサイド一つとっても、審判は本当にギリギリのところで判断しなければいけない。今でこそVAR（ビデオアシスタントレフェリー）がありますけど、人がやっていることなので、選手同様、審判にもミスはある。そういうところで審判と戦っても、選手には何の得もない。もちろん試合中の駆け引きとして審判にアピールしたり、『判定が相手に偏っていませんか？』と伝えることはしますが、審判も一緒に試合を作る仲間ですから、敵対することに何の得もないと思っていました」

ジュビロ戦で見せた大谷の審判団に対する行動は、試合の翌月に行われたJFAレフェリーブリーフィングでも取り上げられた。審判委員会副委員長を務めていた上川徹は、「とてもリスペクトのある対応で、大谷選手のチームリーダーとしての行動に感謝したい」とキャプテンの振る舞いを称えた。

生まれつきのキャプテン

21年、大谷が右足首の負傷で戦列を離れている間、ゲームキャプテンは古賀太陽が務めていた。21年のレイソルは成績が一向に上がらず、シーズンを通じて残留争いの渦中にあった。負けが込み、チーム内の雰囲気も良いとは言えない。代役とはいえ、キャプテンとして結果の出ないことに責任を感じ、どうやってチームをまとめたらいいか、古賀は悩んでいた。

古賀の様子を察していた大谷は、「どこかのタイミングで太陽と話してみよう」と考えていた。

クラブハウスで大谷と古賀が2人になったときのやり取りを、古賀は振り返った。

「僕はディフェンスの選手だから直接失点に絡む場面が多いわけですけど、タニくんが『そういうときは難しいよな、どう振る舞えばいいかわからないよな』と言ってくれました。そこで『でも考えすぎなくていいんだよ。自分のところで失点したとか関係なく、声をかけて大丈夫だ。自分が思っているほど、他の選手はお前に言われたくないなんて思ってない。そこはそんなに気にしなくていいよ』と言ってもらったおかげで、気持ちが楽になりました」

98年生まれの古賀は当時23歳。奇しくも大谷がキャプテンに就任したときと同じ年齢だった。若くしてキャプテンを務めるプレッシャーと、経験のある年長者が若いキャプテンをサポートする必要性、その双方の大切さを自らの経験から理解していた大谷だからこそ、古賀の気持ちを誰よりもわかっていた。

この一連の出来事は、古賀の内面的な成長を大きく促した。大谷の現役引退後、23年から古賀が正式にレイソルのキャプテンを引き継いだ。

「自分もタニくんのような存在感や影響力を持つ人間にならなければいけないと思っています。上手く周りの選手を巻き込みながら、みんなで協力して良いチームにしていきたいです」

腕章を託された意気込みを、古賀はそう語った。

大谷も自分のあとを継いだ後輩に、大きな期待を寄せる。

「ネルシーニョ監督も、若いときから太陽を使って、信頼してキャプテンを任せているわけなので、太陽らしくやってくれればいいと思います。ただ、本人は頑張っていますけど、チーム全体に働きかける部分は、もっと大きなアクションでやってもいい。キャプテンになって変わってきた部分はあるけど、太陽は俺と違って根が優しいので、太陽らしくやっていいよと言っても、ピッチの中でレフェリーや相手選手と駆け引きをして、少しでもチームを有利にするためのアクションは、場面によってはもっと必要だと思います」

チームメイトという対等の立場から、現在はコーチと選手という間柄に変わった。これは選手の成長を願うコーチとしての言葉だ。そして、それは古賀だけでなく、現在のレイソルでプレーする全選手へ向けた要望でもある。その意を込め、大谷は続けた。

「キャプテンマークは、チームのみんなから信頼されていないと巻けないものだけど、そういう選手が数多くいれば、チームは強くなると思います。今は太陽がキャプテンを任されていますが、他にもキャプテンマークを付けられる資質のある選手は数多くいます。誰がキャプテンということは関係なく、選手全員がチームの責任を自分が背負っているという思いを持って、戦ってほしいと思います」

08年から引退する22年まで、大谷は15シーズンにわたってレイソルのキャプテンを務めた。22年11月5日の引退会見では、「キャプテンという立場を与えられたことによって、よりチームのことを考えるようになりました。気づきを与えてくれたイシさんには感謝しています」とかしこまった。

ただ、15年前のグアムキャンプで、大谷をキャプテンに指名した石﨑はこう言う。

「キャプテンになるべくしてなった。タニは生まれつきのキャプテンだよ」

南雄太の後任として2008年に23歳でキャプテンに就任。この年から現役を引退する22年まで、15シーズンにわたり腕章を巻いてプレーした【© J.LEAGUE】

第7章

柏から世界へ

初の国際大会となったクラブワールドカップ

2011年12月6日、FIFAクラブワールドカップ出場のため、レイソルの選手、スタッフは名古屋へ移動した。

12月3日のリーグ優勝以降は、優勝報告会やJリーグアウォーズなどのスケジュールが立て込んでおり、まともに練習ができたのはクラブワールドカップ開幕戦前日の1日のみだった。ほぼぶっつけ本番で、開幕のオークランド・シティ（オーストラリア）戦へ臨まなければならなかった。

11年のクラブワールドカップは、レイソルがクラブ史上初めて出場する国際大会だった。酒井宏樹と田中順也はこの年に日本代表への招集を受けていたが、ワールドカップの出場経験があるのは、前年の南アフリカ大会に北朝鮮代表として出場した安英学だけである。チームとして国際舞台の経験不足は否めなかった。

12月7日、大谷はネルシーニョとともに公式記者会見に臨んだ。豊田スタジアムの会見場は、日本の報道陣だけでなく多くの海外メディアも席を埋めていた。監督、選手が会見で話す言葉には、英語での同時通訳も入る。Jリーグにはない国際大会の雰囲気が早くも充満していた。

「柏レイソルとして臨む初めての国際大会ですが、選手たちはリラックスした状態でここまで過ごせていますし、こういう大きな大会に参加できるということで全員が期待しています。その中で参加するだけでなく、勝つことを目的にやっています。まず、リーグ戦でやってきたことをこの大会でも続けたいと思っています。全員が楽しみにしているので、大会の規模が大きいからといって動揺したり、硬くなるというのは感じていません」

大谷は世界へ向けて、国際大会に臨む強い意思を発信した。

国際大会という未知の領域にも、大谷が会見で語ったとおりチームに物怖じする雰囲気は全くなかった。むしろ、リーグ優勝から高いテンションとモチベーションを維持したままで大会へ臨み、勝ち上がればサントスやバルセロナと対戦できるというシチュエーションが、レイソルの選手たちの感情をほどよく高揚させていた。

オークランド・シティとの開幕戦には、FIFA(国際サッカー連盟)のヨーゼフ・ブラッター会長もスタジアムに来場していた。試合前の選手整列時には、大谷がブラッターに選手一人ひとりを紹介した。

試合が始まると、レイソルは準備期間の短さを微塵も感じさせず、前半終了間際に田中と工藤壮人が立て続けにゴールを奪い2点をリードした。後半はさすがに疲労を隠せなくなったか、オークランド・シティに押し込まれたが、ネルシーニョが「価値ある勝利」と評したように国際舞台の初陣で勝利を収めた。

クラブの国際経験の少なさは、むしろ試合とは関係のない意外なところに表れた。試合前に入場の整列をする際、大谷はオークランド・シティのキャプテン、イヴァン・ヴィセリッチが手にしているペナントが目に入り、ゼスチャーと目配せでレイソルのクラブスタッフに「ペナントを持ってきてほしい」と要求した。しかし、スタッフは「？？？」と訝しげな表情を見せた。

開催国枠として5日前に出場が決まったばかり。それまでの数日間は、選手以上にスタッフの方が準備に追われ、クラブ全体が忙しなく動き回っていた。しかも国際大会はこのクラブワールドカップが初めてであり、「交換用のペナントを用意する」という発想を持ち合わせていなかった。

また、クラブワールドカップで着用したユニフォームは、サプライヤーのヨネックスが翌年のAFCチャンピオンズリーグ（ACL）出場を見据えて用意するものを、この大会で先立って使用することになった。そのためオークランド・シティ戦では選手に割り当てられた枚数に限りがあり、ユニフォームの交換禁止が事前に伝えられた。

「ユニフォーム、交換しちゃいけないらしいよ」

「でもさ、相手から『交換してくれ』と言われたら断れないよな」

試合前のロッカールームでは、選手間でそんな会話が飛び交っていたという。

それでもクラブスタッフや関係者の尽力もあり、準々決勝のモンテレイ（メキシコ）戦の前にはペナントもユニフォームも無事に間に合った。

北中米カリブ海王者を下し、準決勝へ

オークランド・シティ戦から3日後の12月11日。準々決勝で対戦したモンテレイは、メキシコ、アルゼンチン、チリといった各国代表選手が名を連ねる強大な相手だった。試合開始早々から押し込まれる時間帯が続き、大谷は北中米カリブ海王者の強さを肌で感じていた。

だが次第にモンテレイがペースダウンしていった。来日して間もない上に、メキシコリーグは11月から中断期間に入っており、彼らにとってはこのレイソル戦が約1カ月ぶりの公式戦だった。

「モンテレイからしたら、日本のチームと調整試合をして、サントスと対戦するという思惑があったと思うから、彼らの方が勝たなければいけないというプレッシャーは強かったと思う。モンテレイの方が下馬評が高かったし、俺らはアジア王者ではなく開催国枠だから、勝ち進むとは思われていない。そういう意味でも俺らの方が精神的に戦いやすかった」

大谷は、この試合における両チームの心理状態の違いをこう語った。

モンテレイの攻勢に耐えてきたレイソルは、スペースが生じ始めた後半に反撃へ転じた。53分、田中の浮き球パスを、レアンドロ・ドミンゲスが鮮やかなボレーでネットを揺らした。

しかし疲労の色が濃いとはいえ、さすがは北中米カリブ海王者である。58分にはモンテレイも橋本和が上がった背後のスペースを突き、抜け出したセサル・デルガドのクロスからウンベルト・スアソが同点ゴールを決めた。

延長戦までもつれ込んだ一進一退の攻防は、120分経っても決着がつかず、PK戦へ突入した。モンテレイの1人目のキッカー、ルイス・ペレスのシュートを菅野孝憲が止め、4人目のホナタン・オロスコのシュートはポストを叩いた。一方、レイソルはレアンドロ、ジョルジ・ワグネル、栗澤僚一、林陵平が確実に決めた。PK戦の結果は4-3。レイソルがメキシコの強豪モンテレイを退けた。

世界基準を体感

準決勝の相手は、ブラジルのサントスである。

クラブワールドカップの試合は地上波でゴールデンタイムに生中継されていた。ベスト4進出がもたらす影響力は非常に大きく、レイソルが大会期間中に使用していた名古屋市内の練習グラウンドには、連日大勢の人が見学に訪れた。その中にいた名古屋グランパスのバッグをぶら下げた少年は、「僕はレアンドロ・ドミンゲスのファンなんだ!」と言って、〝柏のキング〟が練習を終えて出てくるのを待ち続けていた。

準決勝の前日練習後の囲み取材で、大谷は「サントスの選手の個人能力は間違いなく高いですし、レイソルが今まで対戦した中でも一番強い相手だと思う」と言い、ブラジルの名門との対戦に警戒心を強めた。その日は多数のブラジルメディアが取材に訪れており、彼らに囲まれて質問を受けるジョルジの姿もあった。

12月14日の準決勝。ネイマール、ガンソといったブラジル代表を擁するサントスは、モンテレイよりも個々の能力がさらに高い相手だった。準々決勝同様、相手の攻撃に耐えながら反撃の機会をうかがっていたが、サントスのクオリティーの高さはレイソルの選手たちの想像を超えていた。

19分、ディフェンスラインとボランチの間のスペースで、ガンソからの縦パスを受けたネイマールが前を向いた。大谷は反転し、シュートモーションに入った19歳のブラジル代表ＦＷへ向けて懸命に足を伸ばした。

「あそこでぽっかり空いてしまったから、右足で打たせないようにスライディングにいって、時間を作った間に誰かがブロックできれば……という考えだった」

ネイマールは右足のキックフェイントで大谷のスライディングをかわし、左足へ持ち変えた。流れるような一連の動作から放った左足のシュートがゴール左上部へ突き刺さった。ブラジルの若き才能が見せたスーパーゴールに、豊田スタジアムに詰めかけた多くの観衆が沸き上がった。

だが、そのネイマール以上に大谷が衝撃を受けた選手がいる。ブラジル代表でも10番を背負ったガンソだ。大谷はサントスの攻撃の起点を作るガンソと、中盤で何度もマッチアップした。

「ネイマールはボールを晒すし、ドリブルで仕掛けるから対人で奪ったプレーはあるけど、ガンソは『どうすればボールに触れるんだろう』という感じ。日本人の中盤であのサイズの選手はいないから、足元にあるボールを突けないということはあまりなかったんだけど、あのレベルの選手だと技術も相当高いので、左足一本でボールを持たれているだけでも懐が深く、『これは無理だ、ボールに触れない』と思いました」

ネイマールの得点に続き、24分にはベガルタ仙台でプレーした経験を持つボルジェスに追加点を許し、瞬く間に点差が広がった。54分にコーナーキックから酒井のヘッドで1点を返したが、

63分にはダニーロにフリーキックを決められ、反撃ムードに水を差された。

1－3という僅差の敗戦にも、大谷はスコア以上の差を感じた。そして、世界レベルをまざまざと見せつけられたこのサントスを、決勝で対戦したバルセロナが4－0で一蹴したことにさらなる衝撃を受けた。

レイソルはアルサッド（カタール）との3位決定戦に敗れ、4位に終わった。大谷は「本当に濃厚で刺激的な時間だった」と、初めて経験した世界との邂逅を振り返った。日数にして11日間と短い期間ではあったが、世界基準のサッカーを体感し、その相手と真っ向勝負を繰り広げたクラブワールドカップは、国際舞台の経験が少ないレイソルの各選手にとって有意義な大会になった。

「開催国枠ではなく、ACLで優勝して、今度はアジアチャンピオンとしてクラブワールドカップに出たい」

華やかな舞台に立ったレイソルの選手たちは皆、共通の目標を抱いた。彼らの視線は、翌年のACLへ向けられた。

ＡＣＬ初戦で得た手痛い教訓

Ｊリーグと天皇杯の優勝チームが、翌年のＪリーグ開幕の1週間前に対戦する富士ゼロックススーパーカップ（現・富士フイルムスーパーカップ）。そこでレイソルはＦＣ東京を２－１で下し、12年シーズンの最初のタイトルを獲得した。

試合翌日の3月4日には、初のＡＣＬの試合を戦うためタイのブリーラムへ向けて成田空港を発った。約7時間のフライトを終えてバンコクのスワンナプーム国際空港に到着すると、バンコクに駐留してトレーニングを行った。寒さの残る日本と違い、気温30℃を超すタイは真夏。ゼロックススーパーカップに出場した選手たちは、練習グラウンドに隣接するプールにて、リカバリーメニューで体力回復に努めた。そして今度はバンコクからチャーター機に乗り、ブリーラムに到着したのは試合前日、3月6日の朝だった。中3日の準備期間は、こうしてほとんどが移動に費やされた。

ブリーラム・ユナイテッド（タイ）の本拠地ブリーラム・スタジアム、通称〝サンダーキャッスル〟のピッチに立つのは、当然のことながら初めての経験だ。普段以上に慎重な入りが求められるＡＣＬの初戦において、レイソルは致命的な隙を相手に与えてしまう。

日本とタイの寒暖差は20℃以上あった。そのため試合開始からわずか10分にもかかわらず、慣れない暑さに体が水分を欲した。ブリーラムにフリーキックを与えた直後、プレーが切れたと判断した選手数人が水分補給でポジションを離れた。その虚を突かれ、ブリーラムのクイックリスタートから先制を許したのだ。そこから相手を常に追いかける展開になり、最後までペースを引き寄せられないまま、レイソルは2－3で敗れた。

「ゴールに近いエリアでのセットプレーなのに水を飲んでいる選手もいたし、もったいない失点だった。あのゴールでスタジアムの雰囲気が乗ってしまった。あれで流れを持っていかれた」

大谷は勝負の分かれ目となった序盤の失点を悔やみ、集中を欠いたチームに苦言を呈した。一瞬でも隙を見せたらやられる。そんな国際試合独特の難しさを、誰もが痛感した。大谷も「敵地で相手を乗せてはいけないということは、次に向けての良い教訓になった」と、その後のＡＣＬの戦いへ向けて気を引き締めた。

このブリーラム遠征のように、韓国を除くほとんどのアウェー移動には直行便がなく、必ず経由地で乗り継ぎがあった。現地では日本との時差も寒暖差もある。それを中3日から4日、短い場合は中2日でこなさなければならなかった。

その短いインターバルの中で、アジアの強豪と戦うために大谷が特に気をつけていたのは、体力回復とコンディショニングだった。

「リーグ戦の合間にACLの試合が入るので、優先させるのは体力の回復でした。場所によっては長距離移動で、日本との時差があり、食事環境も全く違います。そこに対応しなければいけないので、選手としてすごくタフになったと思います。きつかったのは、どちらかというとACLの試合が終わってからです。Jリーグの試合があるから、ACLの試合が終わったらすぐに日本に帰らなければいけない。例えばブリーラムのときも、試合が終わってからチャーター機でバンコクに戻って、着いたホテルで夜中に軽食だけ食べて、短時間の睡眠を取って日本に帰る。でも熟睡はできない。それで帰国してすぐにJリーグのチームと対戦するのは、やっぱり大変でした」

コンディショニングの面だけではない。アジアの戦いでは、Jリーグとは異なるジャッジの基準にも対応しなければならない。

2度目のACLを戦っていた13年4月3日、韓国の水原三星ブルーウィングスとのアウェー戦では、後半だけで4本のPKが相手に与えられる異例の展開になった。

「1本目のPKを取られた時点で、後ろから行くと笛を吹かれるというのがわかったけど、気をつけていた中でまたPKを取られてしまった。しっかり映像を見直して、自分たちの対応の仕方も改善しなければいけません」

ジャッジへの疑問を露わにするのではなく、自分たちに矢印を向けて改善点を挙げるあたりは大谷らしかった。不本意にも与えてしまった4本のPKは、ジェナン・ラドンチッチが蹴った1本目は菅野がセーブし、3本目こそステボに決められたものの、2本目と4本目は鄭大世が枠を外した。

ただ、この試合は4本のPK献上と並び、韓国の地で6－2の大勝を飾った一戦としても印象深い。中でも栗澤のミドルシュート2発は、水原三星の反撃の勢いを削ぐのに重要な効果を果たし、シュート自体も鮮やかなファインゴールで相手の度肝を抜いた。得点を決めたあと、1点目は藤田優人に、2点目はレアンドロ・ドミンゲスに投げ飛ばされ、チーム最年長は水原ワールドカップスタジアムのピッチの上に転がった。08年8月のレイソル加入以降、公式戦でのゴールは1得点だった栗澤は、チームメイトから手荒い祝福を受けた。

試合後のミックスゾーンでは、従来はメディアが選手を呼び止めて取材を行う流れが常なのだが、この日ばかりは「珍しく点を取ったんだから話を聞いてくださいよ！」と栗澤の方から歩み寄ってきた。大谷は「結婚して、クリさんのパワーが良い方に出たのがよかったです。1点目は追加点でしたし、2点目は失点のあとだったので、両方とも大きなゴールでしたね」と柔和な表情で栗澤を称えた。普段は国際大会の緊張感が漂うACLの会場が、温かいムードに包まれていた。

ただし、それはあくまでレイソル側の視点である。相手にとってはホームで4本のＰＫを獲得しながら喫した2－6の大敗は、屈辱以外の何物でもなかったのだろう。それから2年後の15年、レイソルと水原三星が再戦した際には、韓国メディアは〝ＲＥＶＥＮＧＥ ＫＡＳＨＩＷＡ〟とプリントされたステッカーをノートパソコンに貼り付けていた。

強いチームになるために必要なこと

レイソルは12年、13年、15年、18年と、ＡＣＬに4度出場し、延べ7カ国11都市に遠征した。中には、ＡＣＬの遠征でもなければ訪れる機会がない街もあった。わずか数日の滞在期間中に、大谷はそんな異国の街を歩いて回ることを好んだ。

「俺は日本の遠征では散歩はしないんですけど、ＡＣＬではよく散歩をしていました。観光旅行では行かないようなところへ行くので、その街を歩いて周りの景色を見て回ったり、その国の文化に触れるのが楽しかったです」

13年のＡＣＬ準々決勝第2戦では、初の中東遠征を経験した。

現地の環境に適応するためJリーグ側が配慮し、当初は9月14日に予定されていたジュビロ磐田戦が13日のナイトゲームへ変更された。翌日、日立台で練習を行い、その日の深夜便で日本を発った。ドバイでのトランジットを含めて、サウジアラビアのリヤドまでの移動には15時間以上を要した。リヤド到着時の現地時間は午前9時。柏からの移動時間では、ほぼ丸1日かかったことになる。到着後、チームは宿泊予定のホテルへは向かわず、リヤドのキングダムタワー展望台へ向かった。

「そのままホテルへ行くとみんな寝てしまうから、時差ボケ解消のために展望台に行きました。みんなで展望台に登って、リヤドの景色を見て、そこで少し自由時間がありましたが、ちょうどお祈りの時間で店が全部閉まっていました。それもサウジアラビアに行かなければわからないことでしたから、そういうことを経験できたのは面白かったですよ」

砂漠気候のサウジアラビアは、日中は40℃を優に超える日も多いが、湿度が低く日本の真夏と違って噴き出すような汗をかくことはない。暑い中で、日本の冬のように「パチン！」と静電気が起こる現象は初めての経験だった。

独特な気候の中での初練習で、大谷は口の中と喉がカラカラに乾いた。日本では一度も経験したことのない感覚だった。口の中を潤すため、次の練習からガムを噛むことにした。大谷がプレー中にガムを噛んだのは、あとにも先にも、このサウジアラビア遠征の一度のみである。

9月18日の試合はアルシャバブ（サウジアラビア）に先制を許したが、オウンゴールと近藤直也のヘディングシュートで逆転に成功した。終盤に追いつかれ、最終スコアは2－2の引き分けに終わったが、ホームの第1戦も1－1のドローだったため、2試合のトータルスコアは3－3。アウェーゴールの差でアルシャバブを上回ったレイソルが、ベスト4進出を果たした。

だが4強入りを喜んでいる時間はなかった。チームはすぐにキングハファド・スタジアムをあとにし、一旦ホテルへ戻って帰国の準備をしなければならない。限られた短い時間で取材に対応した大谷は、過酷な中東での戦いを振り返った。

「良い準備をして試合に臨みました。未知数ではあったけど、早めに現地に入って環境に慣れることができましたし、気候にも対応できたと思います。彼らにアドバンテージがあったのは0－0のときだけ。90分間でうちがゴールを取れば勝ち上がれるチャンスはあると思っていたので、いつもどおり自分たちの形をやろうと思っていました。ここまでACLのアウェーで良い成績を残せているのは自信になっています」

13年のACLのアウェーは4勝1分。唯一勝てなかったこのアルシャバブ戦も、限りなく勝利に近い引き分けだった。

その日の深夜、チームは帰国の途に就いた。なお、日本時間では19日午前中の現地出発である。ドバイ経由で大阪に着いたのは19日の夜中。2日後にはセレッソ大阪と戦うタイトな日程だった。セレッソ戦は工藤の得点で先制したが、疲労の色が濃くなった後半は苦し紛れのクリアが増え、セカンドボールを回収するセレッソに何度もチャンスを作られた。83分に柿谷曜一朗に同点にされたものの、中東遠征直後の試合と考えれば、アウェーで勝点1の獲得は上出来だった。

アジアの舞台で好成績を収めていたのとは対照的に、直後のリーグ戦は不本意な結果になることが多かった。ACLに出場した4年間の通算で、ACL後のリーグ戦は8勝9分14敗と負け越している。アジアの強豪クラブと激闘を繰り広げた反動は如実に表れていた。

大谷は、その結果に対する私見を述べる。

「試合に向けた準備ができない影響も多少はあったと思います。ACLの試合が終わって、Jリーグのチームと戦ったときに、球際の激しいプレーでファウルを取られると、『これが取られるのか』という逆の感覚もありました。ただ、ACLを戦っていても、本当に強いチームは優勝争いに絡むので、そこで勝ちを拾える戦い方ができなかったのは、単純にチームとしての実力不足だと思います」

大谷はそこまで話し、ほんの少し間を置いたあと、「でも」と言って続けた。

「自分たちがその環境を求めていました。選手たちはその環境に何かを言うのではなく、国際大会に出場してタイトな日程を戦うことは、強いチームになるには必要なことだと認識していたので、全員が前向きにACLに取り組んでいました」

東アジアの因縁の相手

4度のACLで、レイソルと幾度となく顔を合わせたチームが2つある。中国の広州恒大と、韓国の全北現代モータースだ。前者とは4大会中3度対戦し、後者とはすべての大会で顔を合わせた。

巨額の資金を投入していた広州恒大は、ダリオ・コンカ、ムリキ、クレオ、エウケソン、パウリーニョ、リカルド・グラールといったクオリティーの高い外国籍選手を揃え、その他のメンバーも中国代表選手で固めていた。

広州恒大とのアウェー戦では、4万人以上を収容する天河体育中心体育場が赤一色に染まる。あのスタジアムの雰囲気は、Jリーグではとても感じることができない威圧感と圧迫感があった。広州恒大のアバウトなロングボールがレイソル陣内に入っただけで、あたかもビッグチャンスを迎えたかのようにスタジアム全体が異様に盛り上がる。粘土質の重たいピッチとスタジアムの独特な雰囲気、そこに個々の高いクオリティーも相まって、広州恒大との対戦は常に難しい試合になった。

「当時の彼らは莫大なお金を使って、外国籍選手のクオリティーがめちゃくちゃ高かった。中国代表は国際大会で結果を残せていなかったけど、広州恒大の中国人選手のクオリティーも高かった。体もでかくて強いので、『こういう選手がいるのに、なぜ中国代表は成績が出ないんだろう？』と思うぐらい個の能力がしっかりした選手が広州恒大には揃っていました。それにあのスタジアムの雰囲気はものすごく、ACLのアウェー感があったので、だからこそ、あそこで勝ちたかったです」

12年はグループリーグで対戦し、13年は決勝進出を阻まれた。雪辱を期して臨んだ15年の準々決勝でも力及ばずレイソルは敗れている。広州恒大とは計6試合を戦い、2分4敗と一度も土をつけることができなかった。

一方で、相性の良さを誇ったのが全北現代である。

レイソルのACL初勝利は12年3月21日の全北現代戦。この試合は5－1の大勝だった。同年のグループHは、ブリーラム・ユナイテッド、広州恒大、全北現代、そしてレイソルと、前年の各国リーグチャンピオンが顔を揃え、〝死の組〟と言われていた。実力は伯仲し、最終節を迎えた時点で4チームすべてに決勝トーナメント進出の可能性があるという大混戦になった。

グループリーグ最終節のレイソルの相手は全北現代。勝点9で首位に立つ全北現代に対し、レイソルは勝点7の3位だったため、決勝トーナメントへ進むには勝利が絶対条件だった。しかも直前のJ1第11節・川崎フロンターレ戦から中2日と、試合までのインターバルが短く、その2日間は全州への移動と体力回復のリカバリーに充てられ、チーム練習が一度もできないままKリーグ王者との試合を迎えることになった。

12年5月15日、全州ワールドカップ・スタジアム。試合前にスタジアム周辺を歩いていると、こちらを日本人メディアだと気づいた全北現代のサポーターが「チョンブク5！ カシワ1！」と両手の指でアピールをしてきた。彼らにとっては日立台で大敗したリベンジマッチであり、逆のスコアで柏に勝つと宣言してきたのだ。

だがこの試合は、レイソルのACLの戦いの中でもベストマッチの一つに数えられる一戦になった。前半はやや守備に重きを置いて戦いながら、相手に決定機を与えず、ギアを上げた後半にレアンドロと田中が得点を決めた。77分に全北現代に与えられたPKは、イ・ドングが外した。

試合終盤、韓国まで訪れたレイソルサポーターが拳を突き上げて勝鬨を上げた。全州ワールドカップ・スタジアムに、彼らの歌う「ボーイズオンリー」が響き渡った。

敵地で2－0の勝利。韓国王者を撃破しての決勝トーナメント進出に、試合を振り返る選手たちの言葉も弾んだ。

「様子を見ながら入ろうというゲームプランだったので、僕が攻撃に上がる機会は少なかったけど、落ち着いてできたんじゃないかなと思います。勝たなきゃいけない試合でしたが、まずは失点をしないことが大事でしたし、うちは失点しなかったら、絶対に攻撃陣が1、2点は取ってくれるチームなので、自分たちがしっかり耐えないといけないという気持ちで試合に入りました」

（酒井）

「長い距離でも相手の嫌なところに走るようにしました。足元だけになりすぎると監督から怒られるので、裏も狙いながら、そのバランスを考えていました。豪快なシュートは結構たまたまが多いんですけど、今日の追加点のように味方と絡んで、あの場所に体が運べているというのは、チームとしてバランス良く攻めていないとできないこと。ボールがこぼれてきてラッキーでした」

（田中）

取材の最後は大谷。彼は克明に試合状況を語り、キャプテンらしい言葉で締めた。

「90分が終わったときに勝っていれば、グループリーグを突破できるということをみんなが頭に入れながらプレーできたと思います。先制されると相手は引き分けでもOKという条件だったので、まずは失点しないことを大前提に、前線の選手たちが良いプレッシャーをかけてくれて、チームとしてコンパクトに守れていたと思います。PKストップもゲームの流れを決める大きな場面でした。勝たなければいけない試合でしたけど、変なプレッシャーを感じることなく試合に入れたことが大きかった。柏から大勢のサポーターが韓国まで来てくれて心強かったです」

ACLを通じて生まれた交流

この対戦を含めて、全北現代とは無類の相性の良さを誇った。ただ、一つひとつを振り返れば苦しい試合の方が多かった。

翌13年のACLではラウンド16で対戦した。アウェーの第1戦は、シュート数の対比では全北現代の23本に対し、レイソルは5本。その5本のシュートのうち、工藤と増嶋竜也の得点で2点を奪い、訪れた数多のピンチでは好セーブを連発する菅野の獅子奮迅の働きがあった。

試合を終え、ミックスゾーンで取材対応をする菅野の後ろを、全北現代の監督代行ファビオ・レフンディスが通ったとき、彼は菅野の肩をポンポンと軽く叩いた。振り向く菅野に対してレフンディスは、「君には恐れ入ったよ」とでも言いたげな表情を見せた。

15年は再びグループリーグで同居した。第5節のホームでの対戦は前半だけで3点を奪い、一時は楽な試合展開になると思われたが、後半はイ・ドングのスーパーゴール2発で1点差に詰め寄られ、最終的には薄氷を踏む思いの勝利で、レイソルがグループリーグ突破を決めた。

全北現代のエースにして韓国のレジェンドであるイ・ドングは、常に闘志を前面に出し、ピッチ上での存在感はずば抜けていた。試合中にもし彼とレイソルの選手が揉めるような事態になったら、大谷はその場を収めるために、イ・ドングと同世代で、かつてレイソルでプレーしていた「ヒョン(パク・ドンヒョク)」の名前を出そうと思っていたという。

韓国勢では、全北現代だけではなく、ACL常連の水原三星にも相性の良さを誇ったのはなぜか。大谷が見解を語る。

「技術的には日本のチームは上手いですし、スペースを見つけて良いポジションを取って、ボールをつないでいくプレーには長けていますが、韓国のチームはマンツーマン気味に来て、人ごと潰しに来る。体をぶつけ合うと体力が消耗しますし、韓国のチームには体が大きくて強い選手が多いので、そこで怯むとその後のプレーで優位性を持たれてしまう。でも、当時の俺らはそこを怖がらずに球際でも戦えていましたし、それが全北現代だけじゃなくて韓国のチームとの相性の良さに反映されていたと思います」

16年のインタビューでは、大谷はACLのタイトルについて、次のように言及している。

「リーグ戦もACLも、どちらも大事なタイトルだけど、どれか一つを選べと言われたら、俺はACLを取りたい」

国内三大タイトルは手中にした。ゼロックススーパーカップ、スルガ銀行チャンピオンシップも取った。しかし、"アジアチャンピオン"の称号を手にすることはできなかった。

大谷にとって現役最後の国際試合は、18年4月4日に行われたACLグループリーグ第5節の全北現代戦。結果は0－2の敗戦だった。それまで相性の良さを誇った全北現代にホーム、アウェーともに敗れ、レイソルはグループリーグで敗退した。

翌19年1月、レイソルは例年どおり鹿児島県指宿市で春季キャンプを行った。その年は全北現代もキャンプで指宿に来ており、同じホテルに宿泊していた。

大谷がホテルの大浴場へ行くと、そこにイ・ドングがいた。過去4回のACLで何度も顔を合わせた間柄で、しかもキャプテン同士である。イ・ドングも大谷のことを覚えていた。18年までサガン鳥栖でプレーしていたキム・ミンヒョクが当時の全北現代に所属しており、彼が2人の会話の通訳を買って出てくれた。

大谷とイ・ドングは、過去の対戦や、お互いのチームのことについて語り合った。

「ピッチ上の雰囲気とは全然違いましたけど、それでも俺よりは年齢がだいぶ上なのでオーラがありました。そのあとに3人でサウナに行ったら、それまでサウナにいた全北現代の若い選手がサーっと場所を変えました。彼らからしたら、『あの日本人は誰なんだろう？』と思ったはずです。全北現代とはACLに出場するたびに試合をしていたから、イ・ドングだけではなく、他にも身近に感じていた選手が何人もいます。イ・ドングとああいう機会を持てたのも、ACLに出たからこそだと思います」

レイソルと全北現代のバンディエラは、意外な形で交流を持った。

初の世界大会となった2011年のFIFAクラブワールドカップ。12月14日の準決勝サントス戦では、のちにヨーロッパでプレーするネイマールやガンソ（右）と対峙した【© BBM】

第8章

30歳からの成長

まだまだ上手くなりたい

２０１４年11月6日、大谷は30歳になった。アスリートにとっては節目と言われる年齢である。誕生日翌日の練習で、30歳の心境を訊ねてみた。

「サッカーが面白くなってきています。自分のことで一杯一杯だった若い頃と違って、ちょっと余裕も出てきたし、その中で1年でも長くサッカーをやりたいと思うと、いろいろな選手を見たり、若い選手からも吸収しようという気持ちになります。キタジさん（北嶋秀朗）とユキさん（佐藤由紀彦）も、そんな感じだったのかな」

大谷は、手本とする先輩２人の名前を挙げた。

度重なる故障に見舞われても、「今の自分にしかできないプレーがある」と常に進化を期し、参考になるプレーがあれば、それが若手であろうとアドバイスをもらうことで自分の成長へつなげた北嶋。所属した全てのクラブで愛され、「人事を尽くして天命を待つ」を座右の銘に、サッカーに熱く向き合いながら純粋に向上心を抱き続けた佐藤。２人は大谷に多大な影響を与えた。

「2人は共通していますよね、まだまだ上手くなりたいと思っている。キタジさんにしてもユキさんにしても、常に貪欲だし、年齢に関係なく良いプレーを吸収しようとしている。自分のことを常に客観的に見ながら、向上しようとやっている人が長く現役でやれている印象があります。そういう選手と一緒にプレーできたのは本当によかったです」

大谷の向上心もまた、北嶋と佐藤のように、30歳を迎えて著しく増していた。若手だった頃、30歳を超えたベテラン選手から「30を超えたらガクッと体力が落ちる」「疲れが取れなくなる」と散々言われてきたが、そんな感覚を抱くことはなかった。

「俺は若いときにガンガン走れていたかと言われたら、そういう選手ではなかった。常に駆け引きをして、相手がどこを見ているのか、どういう体の向きでいるのか、どういうことを狙っているのか、そういうことを考えながらサッカーをしてきたから、自分のそういうプレースタイルも体力が落ちたとは感じなかった理由にあると思う」

思考を巡らし、常に考えながらプレーをしてきた大谷にとって、15年に監督に就任した吉田達磨の考え方は、さらなる成長を促すきっかけになった。

1月15日、雨の中でシーズン始動日のトレーニングが始まった。1カ月以上のオフ明け。それまでのシーズンであれば、体を起こすことを目的としたトレーニングや、フィジカル系のトレーニングから入り、技術的・戦術的な内容を徐々に取り入れていくのが常であったが、大谷がそれまでのプロキャリアで経験してきた始動初日とは異なる部分が多かった。

「戦術的な要素が入ってくるとは聞いていたので驚きはなかったです。いきなりボールを使ってのスタートは、ここ数年はなかったことなので、違った練習をやって新鮮な気持ちでスタートできました」

新シーズンはいつもフレッシュな気持ちで迎えることができる。スタイルの変化もあり、15年はより一層その思いの強い始動日になった。

前年のリーグ戦ラスト7連勝で4位に食い込み、ACL出場権を手にしたレイソルの15年は、アジアの戦いからスタートした。ACLプレーオフのチョンブリ(タイ)戦に始まり、グループリーグの全北現代モータース戦、ビンズオン(ベトナム)戦と、公式戦3試合をこなして2勝1分と、上々の滑り出しで3月のJリーグ開幕を迎えた。

相手を観察し、思考を巡らす

開幕戦の相手はヴィッセル神戸。率いるのは、前年限りでレイソルの監督を退任したネルシーニョだった。

自分たちの特徴を知り尽くす前監督の率いるチームが相手で、しかもレイソルの情報は、おそらくACLの3試合を通じて完全にスカウティングされている。一方でヴィッセルの有益な情報は、レイソル側には何も入っていなかった。しかし、開幕戦の前日練習後の取材にて、大谷は全く意に介していなかった。

「ネルシーニョとは長くやりましたから、練習を非公開でやっていても、練習試合の情報を出していなくても、極端に何かが大きく変わることはないと思うので、神戸はこういうふうにやってくるだろうというイメージを持っています」

そこでは、自分たちがすでに公式戦3試合を戦っていることを「アドバンテージ」と言った。一例として、10日前に戦ったACLのアウェー戦、全北現代との試合を挙げた。

「神戸はうちのビルドアップに強くプレッシャーに来ると思いますが、全北現代以上の圧力を持つチームはないと思うので、あれを開幕前に経験できたのは自分たちにとっては非常に大きいと思います」

全北現代の嵐のようなハイプレッシャーを経験したあとならば、たとえ激しくプレッシャーに来られても、そこまで圧を感じることはない。開幕戦へ向けて、そんな自信が感じられた。

試合当日、ノエビアスタジアム神戸に入ると、大谷はメンバー表を見てヴィッセルのスタメンを確認した。MFにはセンターバックを本職とするブエノの名があった。ブエノの起用は予想外だったが、中盤にDFを置く布陣からは、ブエノとチョン・ウヨンのダブルボランチが、自分と武富孝介のインサイドハーフを潰しに来ることが予想できた。

16時、試合が始まった。ブエノが大谷に、チョン・ウヨンが武富に、トップ下の森岡亮太がアンカーの茨田陽生に、それぞれマンマーク気味に付いてきた。相手はレイソルのパスワークの要になる中盤の3人を潰しに来ている。予想どおりの出方だった。

「相手が来ても、ボールを受ける位置や止める位置だったり、パスを出してくる選手のところで外せれば、マンツーマンで付かれようがなんてことはない。そこをマークされているからといって簡単にサイドへのパスで逃げて、相手の思惑どおりになるよりは、厳しくマークに付かれていても、味方がボールを持ったときには顔を出して絡んでいこう」

大谷は事前に、武富と茨田にそう伝えていた。相手のプレッシャーから逃げずにボールを受ける動きを相手に見せることは、攻略の布石でもあった。

大谷、茨田、武富にパスが渡ると、ヴィッセルの中盤はパワーを持って彼らに寄せてきた。大谷はヴィッセルのボランチの動きをうかがいながら、低いエリアに落ちるか、サイドへ大きく開き、自分に付くマーカーを中央から引っ張り出した。立ち位置を変えても、はっきりと付いてくる相手の戦い方を逆手に取ったのだ。

ヴィッセル側の視点では、監督の指示どおりにパス回しのキーになる中盤の3人を消しにかかると、中盤に人がいなくなる現象が生じたことになる。

「自分たちがボールを受けられなくても、スペースを味方に与えてあげることを意識していた」と、大谷はこの状況を振り返った。

目の前の視界が開けたセンターバックの増嶋竜也と鈴木大輔が、前線へ縦パスを通し始めた。29分、中盤のぽっかりと空いたスペースに降りたクリスティアーノが増嶋からの縦パスを受け、レアンドロとのワンツーで抜け出した。クリスティアーノのドリブルはヴィッセルのディフェンスに食い止められたが、サポートに入った大谷がルーズボールを拾い、最後はパスを受けた武富がミドルシュートを放った。

ヴィッセルのディフェンス陣が、マーキングについてしきりに会話をしていた。

「スペースに落ちたレイソルのフォワードを誰が見るんだ！」

焦りを見せる彼らの様子から、ヴィッセルの守備が後手に回っていることを大谷は察した。スペースを空けてしまうことを気にして、自分たちに強く来ないのであれば、今度はパスを受けてボールを動かし、ヴィッセルの守備を翻弄した。

あらゆる試合において、大谷はピッチ上で相手のことをよく観察していた。中心選手の表情、選手同士の会話、相手ベンチの指示など、それらを注視することは試合を優位に進める上で重要な判断材料になった。相手がこれから何をしようとしているのか、今は何をすれば相手は嫌がるのか、そもそも相手の狙いはスムーズに進んでいるのか、それともうまくいっていないのか。思考を巡らし、駆け引きをしながらピッチに立っていた。

「相手がバタバタしているのは、選手同士のコミュニケーションを見てもわかる。そういうときは、相手が今そういう状況にあると味方に伝えていました。俺はそういうものを含めてサッカーを捉えていました」

このヴィッセル戦では、前年まで自分たちがやられて嫌だったこと、やりづらくなったことを大谷はやり続けた。「俺がこのポジションでボールを受け続けていたら、あとでヴィッセルの選手たちはネルシーニョから怒られるんだろうなあ」と思いながら。

63分、セットプレーの流れから、輪湖直樹のクロスを工藤壮人がヘディングで合わせてレイソルが先制点を奪った。これが決勝点となり、15年のリーグ開幕戦は白星発進となった。

主導権を握る攻撃的なサッカーへの適応

レイソルのサッカーは、前年までのネルシーニョのスタイルから大きく転換していた。吉田が志向するのは、現在のレイソルアカデミーの育成コンセプトの基になった「自分たちが主導権を握る攻撃的なサッカー」である。

そのコンセプトが形成され、アカデミーで統一されたのは大谷のトップチーム昇格以降だったため、大谷自身はその環境で育ったわけではない。それでも、新たなサッカーへの適応に問題はなかった。

「基本的に監督にはそれぞれのスタイルがあるので、俺はその監督のサッカーにアジャストできればいいと思っていました。ネルシーニョからタツさん（吉田）に変わったときも違和感はなかったですね。ただ、それまでアカデミーのサッカーを見ていて、面白そうだと思っていましたし、自分に合うスタイルだと思っていました。タツさんの練習はすごくやりがいがあり、やっていて面白かったです。俺が得意にしてきた部分や意識してきた部分を、タツさんは言語化してくれて、よりその仕組みを理解させてもらった感じがします。感覚的にイメージしていたものを、より深く知ることができて、それまで自分が考えていたことが頭の中で整理されました。タツさんの説明は自分の中で腑に落ちるものでした」

大谷のポジションは中盤3枚のインサイドハーフ、前年までのボランチから1列高いポジションでのプレーに変わった。

「役割としては、俺のイメージではボランチとトップ下の間ぐらい。基本的には攻守をつなぐこと。アンカーの選手が助けを必要としていたら助けるし、当時のセンターバックは、マス（増嶋）がケガをしたあとは、大輔（鈴木）とエドゥー（エドゥアルド）がやっていたけど、彼らはそういうサッカーを教わってきたわけじゃなかったから、彼らの負担を減らすために助けにいく。その必要がないならゴール前へ入っていく。それはタツさんから求められていたというよりは、ゴール前のスペースを見つけて入っていくプレーは得意だったし、好きだったから」

したがって大谷が攻撃に絡む機会は以前よりも増した。ACLのグループリーグ第2節のビンズオン戦（〇5－1）では、ACLでの自身初得点を決め、J1ファーストステージ第5節・松本山雅FC戦（〇3－1）で見せた先制のヘディングシュートは、04年の名古屋グランパス戦で決めたプロ初ゴールを彷彿とさせた。

「小さい頃にフォワードをやっていたので、点を取ることは好きでした。プロになってボランチをやるようになったあとも、相手の穴を見つけて走り込んでいくことは得意だったので、あのインサイドのポジションはやっていて楽しかった。自分が最初にアクションを起こすというよりは、誰かがアクションを起こしてできたスペースに、タイミングよく入っていくことを考えていました」

ファーストステージ第15節のサンフレッチェ広島戦（●2－3）では、鈴木の縦パスを受ける大津祐樹のアクションに連動し、大津が空けたスペースに走り込むと、ヒールでの落としを受けてゴール左にグラウンダーのシュートを突き刺している。鈴木、大津、大谷の3人が連動した攻撃から生まれた一撃だった。

結果に結びつけるのがプロ

このシーズンのサッカーに「楽しかった」「面白かった」という感覚を抱いたのは大谷だけではなかった。現在、レイソルアカデミーでコーチを務める藤田優人は、当時のサッカーの中で「技術的にも戦術的にも成長を実感できた」と話す。

自分たちが主導権を握り、再現性を持った攻撃を繰り出して、いかに相手を切り崩していくか。その狙いを持ち、日々のトレーニングでは選手の技術面と戦術面を向上させる内容のメニューが組まれた。フィジカル的な要素を含むトレーニングでも必ずボールを使用していた。こうした様々なトレーニングを通じて、大谷は仲間たちの飛躍的な成長を感じていた。

「他の選手を見ていても、例えば優人も、だんだんいやらしい立ち位置に立つようになったし、練習からどんどんみんなが上手くなっていく。タツさんは『インサイドパスも適当に蹴るな』と要求する人だから、みんなが一本のパスにこだわりを持ち、受け手が受けやすいようにボールを滑らすようなパスを常に意識していました。立ち位置一つとっても、一人で相手選手2人を困らせるようなポジションを取るようになったので、それで味方が助けられたり、ボールを受けた選手が前を向きやすくなる。そういうのは紅白戦をやっていても、みんなの成長を感じましたね」

課題は、そのサッカーを結果につなげることだった。

開幕戦ではヴィッセルにスコア以上の快勝を収め、ファーストステージ第8節の川崎フロンターレ戦（○4－1）、セカンドステージ第7節のサンフレッチェ戦（○3－0）など、自分たちの狙いがハマった試合では、リーグ上位チームをねじ伏せる強さを見せた。

ACLのグループリーグ第5節では、14年9月から公式戦で無敗を継続する全北現代に、レイソルが27試合ぶりに土をつけた。

「俺とクリさん（栗澤僚一）、バラ（茨田）の中盤に、数的不利でもガツガツ来ていたので、その狙いを外しながら、俺が少し左に開いて、左サイドのタケ（武富）がフリーになってトップ下やサイドで自由にプレーできるようにした。そこで全北現代のボランチが俺に来るのか、タケに来るのか悩んでいたし、来なければそこからビルドアップをしていく。自分たちの狙いどおりにボールを動かしながらゴールへ結びつけられた」

Jリーグ開幕のヴィッセル戦と同様、人に食いつく全北現代の激しいプレッシングを逆手に取った。20分に武富が決めたレイソルの2点目は、前述の解説どおり、スペースを的確に突いた大谷と武富の連係から生まれた。前半に関しては吉田体制下のベストパフォーマンスと言ってもいい出色の内容だった。続くACLラウンド16では、水原三星ブルーウィングスを撃破してベスト8まで勝ち進んだ。

しかしシーズン中に、鈴木が「ボールを持つことが目的になってしまっている」と、サッカーの本質である相手ゴールへ襲いかかる意識の希薄さをチームの課題として指摘した。守備から攻撃へ切り替わったときにボールキープを選択し、スローダウンする傾向が強かったため、対戦相手の監督から「レイソルにはカウンターがない」と皮肉を言われたこともあった。

敵陣の深いエリアに入ってもゴール前へ侵入できず、バックパスで攻撃のやり直しを選択するケースも多かった。攻撃のやり直し自体は問題ではないが、そこから各選手が連動し、アイディアをシンクロさせて再度、相手のゴール前に侵入していく部分において、攻略の手立てを欠いていたのは否めなかった。

12月29日、天皇杯準決勝。延長戦の末に浦和レッズに0－1で敗れ、15年シーズンが終了した。無念の敗退後に、大谷はシーズンを総括した。

「タツさんのもとで、自分のように年齢が上の選手も『そういう考えがあるんだ』と発見があったし、このサッカーに触れられたことは、今後のサッカー人生にものすごく活きると思います。でも、まずはどんなサッカーでも結果に結びつけるのがプロなので、『自分たちのサッカー』というのも大事ですけど、それを結果につなげてこそ説得力がある。そこは今年のチームの力が足りなかった」

新たなサッカーに触れて、自分自身も、チームメイトも紛れもなく成長していた。しかし、それがチームの結果には直結しなかった。

どの監督のもとでも、スタイルの構築は一朝一夕にはいかない。殊に自分たちがボールを動かし、主導権を握るスタイルともなれば、「選手間で『こういうときはこうした方がいい』と、課題を見つけながらイメージを擦り合わせる作業が必要なので、少なからず時間を要したと思う」と大谷は言う。

ファーストステージは14位、セカンドステージは8位で年間総合10位に終わった。後半戦は成績が上向いたとはいえ、上位戦線に一度も加われなかった15年は、結果という観点では明らかに物足りないシーズンだった。

大谷は15年シーズンを回顧する。

「ハマれば全北現代相手にも圧倒的な試合ができましたが、日々のトレーニングでやってきたことを結果で示せなかったのは、自分たちに責任があったと思います。先手を取れれば相手が出てきてくれるから、自分たちがスペースを見つけながら、ひっくり返して前進することができましたけど、先に点を取られてガッチリ守備を固められたときに、どう攻略していくか。そこのクオリティー、スピード、精度、引き出しは、当時のチームは足りていなかったと思います」

その後、16年のシーズン序盤に監督に就任した下平隆宏によって、そのスタイルは踏襲される。17年は前半戦にリーグ8連勝を記録し、最終順位はリーグ4位でACL出場権を獲得した。好成績を収めた理由の一つに、「タツさんのもとでベースを作れていたのが大きかった」と、15年シーズンの取り組みが活かされたことを大谷は挙げた。

年齢が上の人を見ながらやっていく

左膝軟骨の手術をした09年以降、ケガによる長期離脱のなかった大谷だったが、16年5月18日に行われたナビスコカップのアルビレックス新潟戦で左膝後外側支持機構損傷、全治6週間のケガを負ってしまう。戦列復帰後もベンチスタートが増え、16年はリーグ戦の出場数は20試合に留まった。

16年シーズン終了後に行われたインタビューでは、ケガでチームに貢献できなかった自分自身に対して反省の言葉を差し向けた。

「今年はケガが多かった。そこに尽きる。ここ何年かは、ケガをしても1、2試合休めば治る程度のものだったけど、今年は1カ月も2カ月も離れなければいけなかった。練習でケガをしたのではなく試合中のことなので、もし同じ場面があったら同じプレーを選択するけど、そこでケガをしないように変えたいと思います。例えば、自分の予測を早くする、反応を早くすることでケガを防げたかもしれないし、ケガの程度を最小限に抑えられたかもしれない。それは自分の課題として今後も向き合っていきたいです」

この頃から、大谷が頻繁に口に出すようになったのは、「自分よりも年齢が上の人を見ながらやっていく」という言葉だった。

16年は、船山祐二、青木良太という、小中学生時代からよく知る同い年の選手が現役引退を表明したシーズンでもあった。そのときは「昔から知っている身近な選手が引退していくのは考えさせられます」と本音を口にした。しかし、Jリーグ全体を見渡せば、大谷よりも年上でプレーしている選手も多かった。

横浜F・マリノスの中澤佑二は、38歳でこのシーズンの全34試合にフル出場していた。さらに同じ中盤の選手には、川崎フロンターレの中村憲剛、鹿島アントラーズの小笠原満男、浦和レッズの阿部勇樹、名古屋グランパスの明神智和がいた。チームメイトの栗澤も大谷の2歳年上だ。

「俺と同じポジションの選手がまだまだ第一線でやっている。そういう年上の人たちを見て取り組んでいこうと思います。レイソルだとベテラン扱いされるので、そこに甘えていたら良くない。まだまだ若い選手と同じか、それ以上にハードにやっていきたいと思いますね。イシさん（石崎信弘）の練習よりきついことはないでしょ（笑）。今の練習はすごく科学的になっていて、その数字やデータも大事だけど、そればかりに捉われるんじゃなくて、自分に何かが足りないと思ったら、『プラスして何かできないだろうか』と模索できる選手が強くなれると思う。そういうプラスの部分を自分で考えながらやっていくつもりです」

毎年、シーズンの始動日には、各選手に個人的な目標を問う。そこでの大谷の返答はいたってシンプルであり、彼の目標は毎年変わらなかった。それは「ケガをしない」ということだった。

ケガを最小限に抑えるための取り組みにも抜かりはなかった。仮に準備不足のまま練習に臨んだ場合や、前日の疲労を残したままではケガのリスクは高まる。だからこそ、朝は誰よりも早くクラブハウスに来て、練習開始前の準備を入念に行った。全体練習が終わったあとも、必ずトレーニングジム内で時間をかけてクールダウンに努めた。大谷がそれらのメニューを終えてクラブハウスへ引き上げてくるのは、選手の姿がまばらになった頃。その後も、クラブハウス内ではメディカルスタッフのマッサージや治療を受け、体のケアに多くの時間を費やしていた。

しかし、若手時代は違った。練習後しばらくして、クラブハウスからようやく出てきた大谷に話を聞くと、「キタジさんとウイイレ（ウイニングイレブン）をやっていました（笑）」と言われたことが度々あったことも付け加えておきたい。

プロ15年目でのキャリアハイ

フィジカル面での衰えを一切感じることがなかったのは、若い頃から節制し、試合後や練習後の体のケアやメンテナンスを継続してきた地道な努力の賜物だ。そこに〝プラスの部分〟として取り入れたのが筋力トレーニングだった。

以前から筋トレは継続的に取り組んでいた。それがACLの連戦や、年齢を重ねてチームから課される必須メニューではなくなったことを理由に、しばらく筋トレから離れていたが、「人によっては体が重くなって嫌だという選手もいるけど、俺は以前やっていて感触が良かったから」と、16年シーズンの途中から個人メニューに取り入れた。

週末のリーグ戦へ向けて個人的に負荷をかけておきたい場合でも、ミッドウィークにカップ戦が入る場合は、チームの全体練習が軽めの内容で終了するケースがある。そのときは自分のコンディションと相談しながら、筋トレだけでなく、自主的にシャトルランを行う、あるいはトレーニングジム内でエアロバイクを漕ぐことで負荷をかけた。

30歳を超え、周囲からベテランと呼ばれる年齢に差しかかると、チーム側からは試合へ向けて疲労を残さないように練習量の軽減が考慮される。大谷は32歳のとき、そのことについて持論を語った。

「チームが練習量を考慮してくれるからといって、それに甘えたら落ちていくだけ。みんなと同じ練習量をこなすことを、年齢が上がれば上がるほどやらなければいけないんじゃないかと俺は思いますね。その分、若手より疲れが残りやすくはなるけど、それはトレーナーと相談したり、自分でケアをする時間を増やすことで解決できると思うから、トレーニングの量を変える必要はないと思います。俺が若い頃は『30を超えたらガクッとくる』と言われていたし、自分もそういうイメージがあったけど、実際にこの年齢になると、俺より年上でも第一線でプレーしている人が大勢いる。クリさんを見ても動けているし、30歳が節目という考えは、昔とは変わってきていると思います。ベテランだからといって、そこに甘えたら終わりだと思う」

また、大谷が年齢を重ねて気づかされたことが、オンとオフの切り替えの重要性である。

若手時代は、食事も睡眠も全てがプレーに直結すると考え、四六時中サッカーのことを考えていた。しかし家庭を持ち、子どもが生まれ、家族と一緒にいる時間が増えると、以前とは考え方が大きく変わっていった。

「ずっとサッカーのことを考えていたら疲れてリフレッシュできない。子どもと遊んだり、家族と一緒にいることが良い気分転換になります。若いときはそこまで考えていなかったので、もっと有意義に時間を使えばよかったなと思いますね。やっぱりメンタルの充実が大切なので、連戦のときは体の疲労を取るのも大切だけど、頭の休養をしっかり取ることも大切だと思うようになりました」

ピッチ内外の取り組みと、オンとオフのメリハリは成果となり、数字上にも表れた。17年の大谷は負傷欠場がなく、リーグ戦で32試合に出場した。その32試合すべてがスタメンである。そしてリーグ戦で記録した5得点は、プロ15年目にしてキャリアハイの成績だった。

2017年 12 月 2 日、J1最終節を勝利で締めくくり、お立ち台に上がってサポーターに挨拶をする。この日の試合でキャリアハイとなるシーズン 5 点目を決めた【© J.LEAGUE】

第9章

ケガとの戦い

ユース時代に負った古傷

厳しいプロの世界で長年プレーを続けていれば、どこかに慢性的な痛みを抱えている選手がほとんどだ。大谷はユース時代に右足首の靭帯を断裂し、古傷としてダメージを抱えていた上に、プロに入ってからも捻挫を繰り返した。

「いろいろなことを考えれば、捻挫をしたときにしっかり治した方がよかったんだろうけど、俺は捻挫はケガのうちに入らないと思っていたから、捻挫をしても基本的にはプレーを続けていました」

プロは実力勝負の世界。ケガで戦列を離れている間に、自分の代わりに出場した選手が活躍すればポジションを失う恐れがある。時にはチームのために、痛みを抱えていても強行出場しなければならない重要な一戦もあったことだろう。

大谷はチームに迷惑をかけることなく、自分がプレーできると判断したときは、捻挫した状態でも離脱せずにプレーを続けた。そこに「休む」という選択肢はなかった。

プロキャリアを重ねるごとに右足首のケガは慢性化し、疲労が溜まってきた夏場や、シーズンの終盤戦には足首が痛むようになっていった。

シーズンの全日程が終了し、約1カ月のオフの間、大谷は一切ボールを蹴らなかった。一定期間、ボールを蹴らない時期を設けることで、次のシーズンが始まったときに、より新鮮な気持ちでスタートを迎え、サッカーの楽しさとボールを蹴る喜びを再認識できるからだった。同時に、足首に休息を与えることで、1月中旬の始動を迎える頃にはフル稼働ができる状態にまで回復していた。大谷はそういうシーズンオフを繰り返してきた。

2019年、3度目のJ2を戦うレイソルの指揮は、14年以来5シーズンぶりに監督に復帰したネルシーニョに託された。

18年の大谷は、リーグ戦出場25試合中、スタメン出場は17試合に留まった。ケガなくフルシーズンを戦った17年から出場試合数は大幅に減少したが、年が明けた19年1月17日の始動から大きな問題はなく、フルメニューをこなした。

キャンプ終盤の離脱はケガではなくコンディション不良が原因だった。そのため、2月17日のちばぎんカップを欠場したものの、その翌週からは全体練習に復帰して開幕戦へ向けて準備を進めていた。

2月24日のJ2開幕戦。維新みらいふスタジアムでのレノファ山口FC戦は、クリスティアーノの2得点で逆転勝ちを収めた。大谷はスタメンフル出場。キャンプ中に一時離脱していた大谷にとってはシーズン初の90分だった。個人的に挙げていたゲーム体力の課題については、「試合や練習を重ねていくことで解決していく問題」と試合後には前向きなコメントを残した。その言葉どおり、開幕戦から12試合はスタメン出場を続けた。

元号が令和に変わって最初の試合、第12節の鹿児島ユナイテッドFC戦（●1－2）を終えたあと、右足首が疼き出した。大谷は「痛みの出る時期が、いつもよりも早くなっている」と、それまでとの違いを感じていた。

足首の痛みはプレーにも支障を与えた。トレーニングでのわずかな動きの悪さを、ネルシーニョは見逃さなかった。

「コンディションが上がっていないようだから、一度戦列を離れてしっかり治せ」

その言葉を受けて、大谷は次節の徳島ヴォルティス戦（○1－0）から6月にかけての数試合を欠場した。

欠場が続いた19年シーズン

このシーズンは、右足首以外にもいくつかのケガに見舞われた1年になった。

6月29日、NDソフトスタジアム山形で行われたJ2第20節・モンテディオ山形戦。前半のアディショナルタイムに、菊池大介の蹴ったコーナーキックをニアで綺麗に合わせた鎌田次郎のヘディングシュートでレイソルが先制した。

大谷は前半の接触プレーで脇腹を強打していた。プレー中に大きな痛みはなかったが、この日の気温は6月下旬にしては低めの20℃。しかも雨の中でのナイトゲームである。試合が進むにつれて気温がどんどん下がり、雨に濡れた体が冷えていった。するとハーフタイムに入り、脇腹が急激に痛み出した。後半に入るとさらに痛みが強くなり、60分に手塚康平との交代でピッチから退いた。検査の結果、肋骨にヒビが入っていた。

シーズン終盤の第39節・大宮アルディージャ戦（●1－2）では軽い肉離れを起こし、それが原因で第40節・鹿児島戦（○3－0）と第41節・FC町田ゼルビア戦（○3－0）を欠場した。

11月16日のゼルビア戦は負傷欠場の大谷のほか、染谷悠太が出場停止、オルンガがケニア代表招集で不在と、主力選手数人を欠いた。ただ、「勝てばJ1復帰とJ2優勝が決まる」というシチュエーションが、ピッチに立ったレイソルの選手たちのモチベーションを最大限まで引き上げた。さらに、町田市立陸上競技場（現・町田GIONスタジアム）に大挙したレイソルサポーターの熱量が、選手たちを力強く後押しした。

試合開始2分、セットプレーのこぼれ球を的確にミートした瀬川祐輔の低い弾道のシュートが突き刺さり、5分には再びセットプレーの流れから、クリスティアーノが山下達也の折り返しにヘディングで合わせて追加点を挙げた。メンバー外の選手とともに現地に来ていた大谷も、「立ち上がりの2点でリラックスできた」と安心して仲間の戦いを見守っていた。59分にはクリスティアーノの得点で3－0とリードを広げ、勝利を決定づけた。

昇格決定の瞬間を見届けた大谷は、試合を終えてピッチから引き上げてきた選手一人ひとりと抱き合い、喜びを分かち合った。試合後には「1年で戻れたことに対して、すごくホッとした気持ちが大きいです」と率直な心境を口にした。

J2最終節の京都サンガF.C.戦の前には、ケニア代表でチームを離れていたオルンガが合流した。シーズンを通して大車輪の活躍を見せていたにもかかわらず、オルンガはJ1昇格とJ2優勝を決める試合に出場できなかった。サンガ戦へ向けた彼の言葉には、高いモチベーションが込められていた。

「代表があったから、残念だけど優勝を決めた試合に出られなかったのは仕方ない。その代わり、最終戦ではレノファ戦のようにハットトリックを狙うよ」

オルンガは自身がハットトリックを達成し、4－1で勝利した第27節の試合を例に挙げた。この〝ハットトリック宣言〟は、謙虚な彼にしては非常に珍しい発言だった。このときは、シーズンのラストゲームへ向けた単なるリップサービスとしか思わなかった。

11月24日、負傷明けの大谷が3試合ぶりにベンチ入りを果たしたリーグ最終節は、衝撃的な展開を迎えた。オルンガが6分に決めた強烈な左足の一撃を皮切りに、前半だけでハットトリックを達成したのである。そして瀬川も、クリスティアーノも、次々とネットを揺らした。

73分、大谷は三原雅俊との交代で途中からピッチに立った。その時点でのスコアは9－1。最終的にレイソルがこの試合で叩き出したのは、Jリーグの1試合最多記録となる13得点。加えて1試合最多得点差の12点差、1試合合計最多得点の14得点と、数々のJリーグ記録を塗り替えた。

さらに、05年の入れ替え戦でヴァンフォーレ甲府のバレーが記録したJリーグの1試合個人最多得点、レイソルにとっては〝悪夢の1試合6得点〟を、オルンガが〝歓喜の1試合8得点〟に上書きした。その両方の試合に、大谷が出場していたこともまた特筆に値する。

前代未聞の記録を達成したオルンガが、自身のゴールラッシュを振り返った。

「私は前節のゼルビア戦を欠場したので、今日の試合でサポーターを喜ばせることをずっと考えていました。今日は1点目を挙げたときにハットトリックできる予感がありました。適したタイミングで適したポジションにいたことが、この得点量産につながったと思います」

大谷も「今シーズンの最後に、サポートしてくれた大勢の人の前で、たくさん得点が入る試合を見せられたのはよかった」と言って、19年シーズンを締めくくった。J1復帰を果たしたチームは翌日からオフに入った。

オフを挟んでも消えない痛み

それまでのシーズンならば、オフに足首を休ませることで、次のシーズンのスタートにはプレーできる状態にまで回復していた。しかし51日間のオフが明けたシーズン始動の20年1月15日、右足首の痛みは完全になくなってはいなかった。

日立台での数日間のトレーニングも、20日から始まった指宿キャンプでも、大谷は全体練習に入ってフルメニューをこなしていた。キャンプでは練習試合にも出場した。しかし足首の状態は思わしくはなかった。

メンバー外になった2月9日のちばぎんカップに続き、2月22日のJ1開幕の北海道コンサドーレ札幌戦のスタメンに大谷の名前はなかった。大谷が開幕スタメンから外れるのは、左膝の手術で出遅れた09年以来、11年ぶりのことだった。

試合は江坂任とオルンガが2得点ずつを挙げたレイソルが4－2でコンサドーレを下し、幸先の良いスタートを切った。

その翌週、新型コロナウイルス感染症の影響で、Jリーグは2月25日から3月15日に予定されていた公式戦の延期を決定した。

3月18日の再開へ向けて、レイソルはトレーニングを継続していた。だがコロナは収束の目処が立たず、リーグ再開は何度も延期され、先行きが不透明になった。レイソルは3月下旬にチーム活動を一時休止。4月7日には政府が緊急事態宣言を発出し、世の中は自粛期間に入った。

大谷は自宅での自主トレと並行して、チーム合同でのリモートによる体幹トレーニングをこなし、先行きが不透明な状況でもリーグ再開へ向けて準備を続けていた。同時に自身のSNSや、レイソルの公式SNSを通じて精力的に発信を行った。

サッカー選手としてだけではなく、一人の人間としてコロナ禍で何ができるのか。それを自問自答したときに、普段から自分たちを応援してくれるサポーターへ向けて、SNSでライブ配信を行い、寄せられた質問に答えていくという考えにたどり着いた。

工藤壮人とのライブ配信では、数年前の話で大いに盛り上がった。配信に参加した多くの人からは「元気な顔を見ることができてよかったです！」「コロナで暗かった気分が晴れました！」という感想をもらった。

「普段応援してもらっているので、そのお礼という言い方が正しいかわからないですけど、少しでも前向きな気持ちになってもらえたり、沈んでしまった気持ちが少しでも上向きになればと思ったので、やってよかったと思います」

ライブ配信が何かの役に立ったことを大谷は喜んでいた。

5月29日にＪリーグは臨時実行委員会を開き、Ｊ１は7月4日、Ｊ２とＪ３は6月27日に再開することを発表した。４カ月間の中断によって、リーグ戦のスケジュールは組み直され、Ｊ１は7月から12月までの６カ月間で33試合を戦う過密日程になった。必然的に、１週間に２試合が組まれる週が増えた。連戦ともなれば当然、足首には負担がかかる。

リーグ再開後、痛みがプレーに支障をきたす場合は一旦戦列を離れ、治療に専念した。大谷は20年のリーグ戦には23試合に出場したが、合計のプレータイムは１６８３分と、前年の19年からは３００分以上も減少しており、フルシーズンを戦った3年前の17年の２８５４分(32試合出場)と比べれば、１０００分以上もプレータイムは短くなっていた。

まだサッカーがやりたいから

入念なケアと治療によって、痛みを抱えながらもなんとかプレーを続けてきた右足首が、プロ19年目の21年にとうとう悲鳴を上げた。

21年4月11日、J1第9節のガンバ大阪戦。76分、大谷の放った左足シュートが右ポストに当たり、鋭角に転がったボールがゴールラインを割った。レイソルは第3節から第8節まで未勝利が続き、苦しい状況に置かれていた。0－0の均衡を破った瞬間、まるで優勝でも決めたかのように選手、スタッフは喜びを大爆発させた。

「ミツ(三丸拡)が持ったときに、オフサイドにならないように少し下がりました。そのあとのボールで直接入る感じはしなかったので、その予測が良い形につながりました。東口(順昭)選手からしたら前に選手が多くて見えないと思ったので、とりあえず枠に入れることを意識して、みんなの思いが乗り移ったゴールだったと思います」

途中出場でピッチに立った背番号7の一振りが、苦しむチームに7試合ぶりの勝利をもたらした。しかし、この試合のあとから足首の痛みが強くなった。

しばらくは痛みに耐えながらトレーニングを続けていた。しかし5月に入り、5メートルのキックもできないほど痛みが激しく増した。

「これは無理だ」

大谷は苦悶の表情を浮かべた。レイソルのメディカルスタッフで、理学療法士の赤井寛之はこのとき、大谷の弱音を初めて聞いたという。

大谷は6月中旬に戦列を離れ、28日に足首の手術を受けた。クラブの公式リリースによれば「右外傷性変形性足関節症、インピンジメント症候群」で全治約3カ月だった。

大谷の足首の状態を、赤井が説明する。

「捻挫を繰り返して靭帯が緩くなったことが原因です。靭帯が緩くなると、骨同士がぶつかって、ダメージが出て軟骨がすり減ってしまいます。そこで炎症が起こって、骨が変形して骨棘《こっきょく》というトゲのような尖ったものができるのですが、それが挟まって痛みが出たり、軟骨がすり減っているので体重をかけると痛みが出る。高齢者の方は膝の軟骨が擦り減って変形し、痛みが出るという話を聞いたことがあると思いますが、彼の場合は足首を酷使しすぎて、若くして同じ症状が出てしまいました」

手術で変形した骨棘を削れば、骨棘自体の問題は改善するが、靭帯の緩みと擦り減った軟骨はそのままの状態である。したがってドクターからは事前に、「痛みが100％取れることはない」

と伝えられていた。それでも大谷は「まださッカーがやりたいから」と手術を受けることを決断した。

術後は、足首の回復状況に応じて、段階を踏みながらリハビリを進めていった。足関節の可動域を広げる練習や、足指を動かすという初歩的な訓練からスタートし、その後も足関節周りの筋トレ、片足立ち、スクワット、ランジへと徐々にリハビリメニューはステップアップしていった。術後から約1カ月が経った7月下旬には、室内で軽めのジョギングができるまでに回復した。

平常心でリハビリと向き合う

リハビリがステップを踏むメニューへ進んだとき、大谷は右足首の距骨がずれる感覚を抱いた。そのずれは、レントゲンの画像では識別できないほど、ほんのわずかなものだった。

そのため毎朝、リハビリを始める前に赤井が大谷の骨を指で調整し、ずれないようにテーピングで固定した。そのずれは日によって異なり、リハビリの準備だけで1時間近くを要するときもあった。そこからリハビリメニューをこなし、翌日に向けて疲れや痛みを残さないためのケアを含めて、朝から夕方までリハビリに向かう日々が続いた。

赤井は、リハビリ期間でもブレない大谷の姿勢に感服した。

「人間ですから、落ち込んだり、苛々したり、やる気が出ないことがあってもおかしくはないのですが、彼のすごいところは常に平常心でいるところです。相当つらかったと思いますが、弱音を吐くことはなく、やるべきことを常にやって、難しい状態になったとしても『また一からやってみようか』と言って、気持ちが落ちることはありませんでした。リハビリのメニューで、彼が手を抜いたことは一度もなかった。自分がやるべきことをやって、プラスアルファで『今日はここを鍛えていい？』と、自分で考えて聞いてくることもありました。自分の意見を押しつけないし、私の意見もしっかり聞いてくれて意見交換ができる。そういう彼の姿勢が、プロで20年間できた理由だと思います」

8月、リハビリは屋外へ移った。屋外でのランニングでは、日に日にスピードが上がり、距離も伸びた。足首の状態は確実に回復へ向かっていた。

8月30日、大谷はＳＮＳで、リハビリに取り組む自身の動画をアップし、そのときの心境を発信している。

緩い靭帯に少ない軟骨
悪いなりにぶつかっていた骨が足首を固定してくれていましたが、それをキレイに取り除いたことで動きがスムーズになりすぎている違和感など(足にとっては確実に今のほうがいいんです)
どんな手術でも体にメスを入れるというのはやはり大変ですね。

ボールを使ったトレーニングでは、ゆっくりと転がるボールを右足でトラップしただけで、足首を持っていかれるような感覚があった。それからは、痛みに耐えられる短い距離から、徐々にキックの距離を伸ばしていった。ボールを蹴ると痛みが出ることもあった。骨がずれる感覚もあった。ボールを蹴れたとしても、理想のキックにはならなかった。壁に当たるたびにそれを乗り越えて、少しずつ前進していった。

当時はコロナ禍の影響で、すべてのトレーニングが完全非公開で行われていた。以前のように取材で日立台へ足を運ぶわけにもいかず、リハビリに励む大谷の様子を実際に目にすることはできなかったが、9月にリモート取材で彼と話す機会があった。そこで復帰の目処を聞くと、「なんとか今シーズン中に戻れれば、という感じです」と状況を話してくれた。

大谷の努力と、赤井の献身もあり、足首はプレーできる状態まで回復した。全体練習への合流を果たしたのはシーズンの終盤。大谷の状態に関する具体的な朗報が届いたのは、最終節の大分トリニータ戦を前にしたネルシーニョのリモート取材だった。監督が大谷の練習への復帰を明かした。

「タニのコンディションは非常に良くなり、紅白戦にも出場しています。実戦からだいぶ離れていたこともあるため、ゲーム感覚を取り戻す必要はありますが、また来季のスタートから戦力として戦える状態にあり、今の彼の状態は決して悪くありません。いつでもゲームに出場できる状態です」

大谷が望んでいた21年シーズン内での公式戦復帰は叶わなかった。それでも、12月26日に日産スタジアムで開催された那須大亮主催のサッカー大会で、大谷は約7カ月ぶりに公の場に姿を現した。エキシビジョンマッチのため公式戦と同じ強度ではないが、5月15日のJ1第14節・FC東京戦（●0－4）以来となる観客を前にしてのプレーに、22年シーズンの復帰へ向けて期待が大いに高まった。

離脱と合流を繰り返す日々

年が明けて22年1月18日、新シーズンが始動した。

20年3月18日以来、練習がメディア公開になり、1年10カ月ぶりに訪れた日立台の練習グラウンドには、全体練習に参加してボールを蹴る大谷の姿があった。大谷にとっては、プロ20年目のシーズンのスタートである。練習後に語った足首の状態も、概ね良好だった。

「20年目というのは全く意識していないです。今は寒くて、グラウンドの堅さもあるので、しっかり温めたり、ほぐしたりしています。冬場は朝起きたときに足首が硬くなっているので、そういうところのケアは続けていますが、グラウンドでは問題ありません。キャンプでボールを蹴り込んでいきながら、しっかり開幕へ向けて合わせていきたいと思います」

足首はまだ本調子と言えないまでも、1月21日から始まった指宿キャンプでも、全体練習から外れることなくトレーニングを続けていた。以下は、29日のキャンプ練習後の大谷のコメントである。なお、この年のキャンプも前年に続き、コロナ禍によりメディア非公開だったため、現地とビデオ通話をつないでの取材になった。

「このコロナ禍でも、キャンプができる環境を与えてもらっているこちらの人たちにはすごく感謝しています。良い環境でサッカーができていますし、柏よりも暖かいので足首に優しいですね（笑）。強い負荷をかけると多少痛みが出ることがありますが、練習を抜けなければいけないとか、次の日まで痛みを引きずることはなく、みんなと同じようにここまで全てのメニューをこなせているので、大きな問題はありません」

前向きな言葉からは、公式戦への復帰が近いことが感じられた。

実際にJリーグ開幕後は、ルヴァンカップを中心に公式戦に出場した。復帰戦となったグループステージ初戦のサンガ戦（△1－1）はスタメンに名を連ね、68分までプレーを続けた。3月2日のグループステージ第2節・コンサドーレ戦（●2－3）では、20年10月28日のJ1第30節・FC東京戦（○3－1）以来となる90分フル出場を果たした。

しかし、プレー中に何らかのアクシデントは付きものである。伸ばした足の先に相手の蹴ったボールが当たり、痛みがぶり返すことや、足首の骨がずれることもあった。そうなると戦列を離れ、また一からリハビリを開始した。

リハビリを終えると、再度戦列へ復帰。22年シーズンは序盤から夏にかけて、こうした離脱と合流を数回繰り返していた。足首の状態が良く、以前と同じ感覚でボールを蹴れる日もあれば、止まっているだけで痛みを伴う日もあった。

次第に、大谷の頭の中に「引退」の二文字が浮かび上がってきた。

20年やれたことを誇らしく思う

夏場にクラブと協議を行った。すべては足首の状態次第だが、「本人ができると言う限り、現役を続けさせる」というのが、強化部とネルシーニョを含めたクラブ側の総意だった。大谷はその後も、自分の進退について協議を重ねていった。

9月、約半年ぶりにメディアに練習取材が解禁された。そこでも大谷は足首の状態を話している。

「練習に戻ったり、出たりを繰り返していますけど、ここ2週間はサッカーをしている感じです。自分の足に力が入っていない状況でシュートブロックをしたり、足先にボールが当たると、骨の位置がずれて、そこからまた戻るのに時間がかかりました。サッカーをやっていればシュートブロックはどうしてもあるし、足先に当たることもある。練習ではそれを回避できるようにボールに寄せるとか、どういう状況でも足に力を入れるとか、そういうことを意識しています。以前は週の初めの2日はフリーマンとして練習に入りながら、徐々に全体練習に入っていく感じでしたけど、最近はフリーマンをやらずに、しっかり練習をこなしているので、足首の耐久性は上がってきていると思います。トレーナーには毎回良い位置に足首を矯正してもらって、テーピングでも試行錯誤しながら、ようやく良くなってきたかなという感じです」

以降の練習公開日では、大谷は常に全体練習に入ってプレーしていた。練習での動きを見ていると、ケガの影響でプレーに問題を感じさせるどころか、ゲーム形式のトレーニングでは相変わらずボールによく絡み、離脱する以前と全く遜色のないクオリティーを発揮しているように感じられた。

後日、それを大谷に伝えると、彼はこう答えた。

「ボールを持てば全然やれるんだけどね。でも、ボールを持っていないときの強度をもっと上げないと」

クラブ側と進めてきた話し合いの中でも、現役を続行するか否かの判断基準はそこにあった。ボランチとして求められるのは、ボールを持ったときのプレーだけではない。ボールを持たないときに、高い強度で100%のプレーができるかどうか。それを考えたときに最終的には「厳しい」という判断に至った。

大谷は現役引退を決断した。リーグ最終節の約1カ月前の10月上旬のことだった。

引退を決めた大谷は、家族、友人、元チームメイト、お世話になった指導者に、その報告をした。

「妻は、自分が家で足を痛がっている姿を見ていたので、『もう1年やるのかな、どうかな？』ぐらいに思っていたそうです。引退を伝えたときは、割とあっさりしていました。そのあとにお世話になったいろいろな人に引退の連絡をしましたが、自分はあまり感情的にならなかったので、みんなから『あっさりしているね』と言われました」

ただ、大谷が3人の息子たちを集めて話をしようとすると、状況を察した小学1年生の長男は、「絶対に良い話じゃないから聞きたくない」と言って食事をとろうとしなかった。

「彼なりにいろいろな葛藤があったと思うので、そういうことを考えるとつらかった」と大谷は言う。それまでは誰に引退を伝えても、感情の起伏はなかった。しかし――。

「パパは今年でサッカー選手を辞めるね」

子どもたちにそう伝えたときは、込み上げてくる感情を抑えきれなかった。

大谷は、かねてから考えてきた自らの引き際をこのように語っている。

「足首に関してはボロボロですけど、昔からボロボロになるまでサッカーをやるのかどうかについて自問自答をしてきました。自分の中では『俺はボロボロになるまでやらない』という考えが常にあって、見ている人やチームメイトから『まだできるのに』と思ってもらえるときに辞めようと考えていたし、『あの人、いつまでやるんだろう』とか、『もう辞めた方がいいでしょ』と思われるのは嫌でした。引き際の美学というわけではないですが、あまり深く考え込む性格でもないので、引退するという判断になりました」

捻挫を繰り返し、ダメージが積み重なって最終的に引退を決断する理由になった右足首の負傷にも、「あのとき休んでいればよかった、という後悔はないですね。20年やれたことは誇らしく思います」と凛とした表情で語った。

引退の決断から数日後、大谷は帰り際にクラブハウス内で赤井と顔を合わせた。リハビリで尽力してくれた赤井には、そこで引退を伝えた。

「今年で辞めるわ。今までありがとう」

大谷は親指を立てて礼を言った。突然の引退報告に、赤井も驚いた。

「そうなんだ？　後悔はないの？」

「やりきったと思うよ。足首も痛いし」

そのとき見せた大谷の清々しい笑顔に、赤井は「未練なく戦い抜いたんだな」と感じた。

2021年４月11日、J1 第９節のガンバ大阪戦で決勝点を奪い、仲間と喜びを爆発させる。
チームに７試合ぶりの勝利をもたらした一撃が、現役最後のゴールとなった【© J.LEAGUE】

第10章

バンディエラ

他の選手にはない突出した能力

２０２２年10月25日、２日間のオフが明け、週末のＪ１第33節・アビスパ福岡戦へ向けたトレーニングがスタートした。

そこで大谷はネルシーニョに呼ばれた。

「最終節の湘南ベルマーレ戦、15分でも10分でもプレーできるか？　できるなら最後にプレーの機会を与えようと思っている」

いかなるときでも勝負に徹する指揮官からの提案に、大谷は少々驚いた。

「できます。その準備はします」

大谷はきっぱりと答えた。

これは20年間にわたってクラブに在籍し、数々のタイトル獲得をはじめ、レイソルに多大なる功績を残した大谷に対するリスペクトの表れであり、クラブのバンディエラが最後にピッチに立つ姿を見たいと願うファン・サポーターへ向けた配慮も込められていた。

その日からベルマーレ戦までの２週間、大谷は「とにかくケガをしないように気をつけた」という。

10月31日、大谷の引退が公式に発表された。

レイソルの公式SNSでも、大谷個人のSNSでも、反響はとてつもなく大きかった。友人や元チームメイト、レイソルサポーターだけでなく、他クラブのサポーターからも引退を労う多数のコメントが書き込まれた。

大谷は引退に際し、SNS上に自分の思いを記した。その中に、次のような記述がある。

> 何か突出した能力があるわけではない自分ですが、とにかく頭で考えてチームが何を求めているか監督がどうして欲しいか味方をどうすれば助けられるか相手はどうしたらイヤか。考えることをやめずに相手と駆け引きをしてきたからこそ続けてこれたと思っています。

大谷はことあるごとに自分を客観視して、「突出した能力があるわけではない」と表現する。しかし突出した能力を持たない者が、プロの世界で20年間も戦えるとは思えない。そこで大谷の身近な人たちに、彼だけが持つ突出した能力を聞いた。

10年から16年までトップチームのコーチを務め、18年11月からゼネラルマネージャーとして強化を担当する布部陽功は、大谷を「ピッチ上の監督」を評し、その理由を語った。

「監督が示したものに対して、自分たちが今どうすべきかを伝える、もしくは自分がプレーで表現する。例えば、監督が相手に対して強くいくことを求めているけど、チームがあまりできていないと思ったら、自分が率先してガツンといく。それによって相手選手は怯みますし、それを見た味方選手は『今は強くいくべきなんだ』と感化されて、チームの士気が上がり、周りの選手も強くいけるようになったことが何度もありました」

栗澤僚一は現役時代、大谷とダブルボランチを組んできた。10年から13年におけるレイソルの連続タイトル獲得時に、中盤を支えた盤石の〝タニ・クリコンビ〟の活躍を記憶している人も多いことだろう。栗澤は、18年の自身の引退セレモニーで「ボランチとして一番やりやすく、安心感があったのはタニでした」というメッセージを残した。現在、トップチームのコーチを務める栗澤に、改めてその真意を聞いてみる。

「タニは監督から何を求められているかをよく考えて、それを体現できる選手。今まで監督が代わっても試合に出続けられた選手はタニだけじゃないかな。特別に足が速いとか、体もそこまで大きいわけではないけど、一緒にプレーしていると気が利くというか、そこにいてほしいときにいてくれる。だから、どの監督もタニには常にピッチにいてほしいと思うから試合に使うし、タニがいれば試合運びが上手くいく。彼の存在の大きさは、一緒にピッチに立った選手が一番感じていて、俺も隣にいてくれてよかったと思いながらプレーしていました」

最後は、レイソル時代には先輩・後輩としてダブルボランチを組み、ガンバ大阪移籍後は対戦相手として、しのぎを削りあった明神智和。彼の分析は次のとおりだ。

「タニは俯瞰してサッカーを見ているんだろうと思います。自分の近くだけを見てプレーしているのではなくて、試合だったらGKを含めて11人がどこにいるか、どういうプレーをしているか、さらにタニの場合は11人がどういう精神状態でプレーしているかまで考えているんじゃないですか。ボランチの選手が途中出場で流れを変えるのはすごく難しいんですけど、タニはベンチにいても何が必要かを自分の頭の中で考えて、途中から試合に出ても、いとも簡単にやってしまう。それは技術があって、頭で考えられて、あとは判断力、メンタリティー、全てが揃っていないとできないことですね」

大谷を深く知る3人は、彼の稀有な能力をそう説明してくれた。

日立台でのラストマッチ

22年シーズンは、11月20日からカタール・ワールドカップが開催されるため、Jリーグは通常よりも1カ月早い11月5日に最終節を迎えた。J1最終節のベルマーレ戦のチケットは完売。試合当日、三協フロンテア柏スタジアムには、1万3012人の観客が詰めかけた。

試合開始2時間前にスターティングメンバーが発表された。レイソルのリザーブの中には、大谷の名前があった。

現役最後の日を迎えても大谷は平常心だった。それまでと同じタイミングでスタジアムへ入り、ロッカールームではそれまでと同じ準備をして、13時25分から長年慣れ親しんだ日立台のピッチでウォーミングアップを開始した。その最中に審判団、両チームのメンバーが発表された。レイソルのリザーブメンバーが読み上げられ、「ミッドフィルダー、背番号7、大谷秀和」と場内にアナウンスされると、ピッチ上でウォーミングアップを続ける大谷に喝采が送られた。

この試合の前には、多くの選手が引退の花道を飾るべく、「勝って送り出したい」と強い思いを言葉にしていた。しかし14時に始まったゲームは、41分と46分の失点でレイソルが2点を追う苦しい展開になった。

2点のビハインドを受けて、52分に早くもネルシーニョが動いた。土屋巧に替えて細谷真大を投入し、システムを3-5-2から4-4-2へ変えて攻撃的にシフトチェンジした。

細谷の投入から2分後の54分。中央をドリブルで持ち運んだドッジが縦パスを入れ、相手のディフェンスラインとボランチの間にポジションを取った小屋松知哉がワンタッチで細谷へ流す。パスを受けた細谷はスピードに乗ったままペナルティーエリアへ侵入し、左足を振り抜いた。強烈なシュートはGK谷晃生に弾き返されたが、詰めていた小屋松がヘッドで押し込んで1－2と点差を縮めた。

74分、レイソルのベンチから出てきた背番号7がゆっくりとピッチサイドへ向かうと、いち早く気づいたレイソルサポーターから拍手が起こった。初めはまばらだった拍手は、だんだんと大きくなり、第4審判が「7」と表示されたボードを掲げ、椎橋慧也との交代でピッチに入ったときには万雷の拍手に変わった。

ゲームキャプテンを務めていた古賀太陽から腕章を受け取り、前年までレイソルでプレーしていたベルマーレの瀬川祐輔と右手でタッチを交わした。現役最後のピッチでも感傷に浸ることはなかった。それよりも停滞したリズムを活性化させ、いかに流れを引き戻すか。大谷はそれを念頭に置いて試合に入った。

相手の状況を見ながらポジションを取る大谷は、ワンタッチ、ツータッチのパスでレイソルに円滑な流れをもたらした。最終節で見せた大谷のプレーについて、GMの布部が言及する。

「無理にポジションに立つというのではなく、自分が減速して、相手をあえて走らせて動かしながら、相手の視野から隠れて、スペースを見つけて、いつの間にかボールをもらっている。ゆったりプレーしているようですが、周りが見えているから、相手のプレッシャーがかからない位置に自然と入って、楽にボールを受けていましたね」

圧巻だったのはアディショナルタイムに入った92分のプレーだ。大谷が自陣深いエリアで浮き球を処理する瞬間、ベルマーレの米本拓司が大谷から小屋松へのパスを予測してアクションを起こした。米本の動きを察知した大谷は、胸トラップと同時に反転して前を向き、米本が動いたことで生じたスペースへボールを運んだ。さらにプレスバックで後方から寄せてきたウェリントンのコンタクトよりも一瞬早く、右足のアウトサイドで横へ流し、フリーのドッジへつなげた。ボールを失わない大谷のプレーに、スタンドから歓声とどよめきが同時に起こった。

90＋3分には、敵陣のペナルティーエリア付近でレイソルの攻撃は山田直輝にカットされたが、大谷は的確な予測で山田との距離を詰め、相手のコントロールが大きくなったところでボールを奪い返した。その流れで右から入ってきた川口尚紀のシュートシーンを演出した。

大谷が入ったことで、レイソルはテンポ良くボールを動かした。4分間のアディショナルタイムを含めて、約20分間のプレーの中には彼らしいプレーが凝縮されていた。スコアは1－2のまま動かず、試合には敗れたが、大谷は晴れやかな表情でチームメイト一人ひとりと握手を交わした。

ベルマーレのベンチから茨田陽生が挨拶に来た。引退を労い、「お疲れ様でした」と駆け寄ってきた茨田に、大谷は前半12分に茨田が右から来たボールを右足でトラップし、ボールを奪われ、ファウルで食い止めてイエローカードをもらったプレーにダメ出しをした。

「あそこで左足を使わないのがお前の課題だぞ。左足を使えないから、あそこでファウルをしなきゃいけないんだ」

以前と全く変わらない先輩と後輩の関係性がそこにはあった。

ロッカールームへ引き上げたあとには、選手やスタッフから「まだできるんじゃないか」「一番上手かった」と言われた。それはまさに、「見ている人やチームメイトから『まだできるのに』と思ってもらえるときに辞めようと考えていた」という思い描いていたとおりの幕引きだった。

晴れやかな引退会見

ピッチでの引退セレモニーを終えたあと、スタジアム内で引退会見が行われた。

選手用の黄色いウェアを着て、取材を受けるのはこれが最後。大谷は、晴れやかな表情で会見の席に着いた。

涙の引退会見になることや、感情が込み上げて言葉に詰まる姿をメディアが求めていると思ったのか、大谷は会見の冒頭で「皆さんの期待に応えるコメントではないと思いますけど……」と笑顔で前置きをし、現役最後の試合を振り返った。

「状況的にも負けていましたし、早く同点に持っていって、そこから逆転を考えていたので、感傷に浸るという感じではなかったです。あくまでもいつもどおりです」

会見は続き、大谷は一つひとつの質問に丁寧に答えていった。


——最後の日立台のピッチに立った感想は？

「現役最後の試合を、自分が育った日立台でプレーして終えられたのは本当に幸せでしたが、皆さんの歓声、応援を聞きたかったというのが正直な気持ちです」

——20年間を振り返って、真っ先に思い浮かぶ光景は？

「やっぱり優勝した、タイトルを取った瞬間は本当にはっきり覚えています。その前後の試合やシチュエーション、そのときの雰囲気は、今でもよく覚えています。タイトルを取れて本当に幸せだったと思いますが、それと同じように降格したこともはっきり覚えています。僕は3回降格して、運良くすべて1年で戻れましたけど、降格はサポーターにとっても、選手にとってもつらい出来事なので、この先はそういう思いをしてほしくないと思います」

――20年間貫いてきたことは、どのようなことでしょうか?

「プロになった頃は2、3年で辞めると思っていたので、20年できたことに驚いています。1年1年チームのために、自分ができることは何かを考えて取り組んできました。プロになって勝ち負けには大きな責任が伴いますが、サッカーを始めた子どもの頃と変わらない『もっと上手くなりたい』という気持ちと、あとは『勝ちたい』という気持ちを持って、勝ったときの喜びを知っているから、またそれを味わいたいと日々、向上心を持って取り組んできたことが、今ここにつながっていると思います」

――これから40年、50年とクラブは続いていきます。柏レイソルにはどういうクラブになってほしいですか?

「プロスポーツなので勝ちにこだわるのは当たり前ですが、今日もたくさんの人が来てくれたように、レイソルはファン・サポーターの人に支えられていますし、そういう方々に愛されて、どのような状況でもこのチームなら応援したいと思ってもらえるようなチームであってほしいと思っています」

――柏レイソルを離れようと思ったことはありましたか？

「ないですね。僕はこのチームが大好きで、柏レイソルのために戦ってきたので、チームに必要とされる限りはこのチームでプレーしようと、ずっとそう思っていました」

――今後はどのような形でサッカーと関わっていくのでしょうか？

「現役時代に取れるB級ライセンスまでは取得しました。監督を目指したいとか、そこまでの思いに至っているわけではないですけど、ただ指導者は面白いなというのはライセンス講習を受けていても感じています。若い選手たちが一気に伸びていく姿を目の当たりにして、その手助けができればいいと思っているので、まずは次のライセンスを取りにいきたいと、クラブには話をしました。来年は柏レイソルでまたお世話になるので、自分の将来のビジョンとして、指導者を目指したいと思います」

――将来的に、柏レイソルの監督をやってほしいと多くの人が期待しています。

「指導者としてA級ライセンスやS級ライセンスを取得していく中で、そういう思いが芽生えてくるのかもしれないけど、まだ自分が監督に向いているのかがわからない(苦笑)。世界的に見ても、知名度のある選手が監督として上手くいくかと言ったら決してそうではないですし、サッカーを知っているのはもちろんのこと、結局は人と人の関係なので、そのマネジメントや人との付き合い方など、学ばなければいけないことが多い。まだ監督を考えることはできないですが、そう言ってもらえるのは非常に嬉しいですし、そうなれるように日々、指導者として勉強していきたいと思います」

時折、笑顔も見せた清々しい引退会見を終えた大谷は、メディアから大きな拍手を送られて会見場をあとにした。

工藤壮人の思いを受け継ぐ

現役最後のピッチの上ではそれまでと変わらず冷静なプレーを見せ、引退セレモニーでは平静を保ってサポーターへのメッセージを発し、引退会見でも終始落ち着いて質問に答えていた。それでも、たった一度だけ感情が込み上げ、言葉に詰まった場面があった。引退セレモニーの最後に、工藤壮人の名前を出したときだった。

「プロキャリア20年では3度の降格をはじめ、つらい出来事も多かった。しかし「サッカーのつらい出来事と、人の命とでは比べ物にならない」と、32歳の若さで急逝した後輩の訃報に胸を痛めた。

Ｊ2を戦っていた10年、プロ2年目の工藤は紅白戦のメンバーにも入れず、その悔しさをバネに当時コーチを務めていた布部に居残り練習を志願し、日々鍛錬を続けていた。チャンスが巡ってきた第3節・アビスパ福岡戦では、相手のバックパスがわずかにずれたところを見逃さず、決勝ゴールを決めた。工藤自身が「自分の人生を変えた」と位置づけたゴールだった。

努力し続ける姿勢と這い上がる意欲を示した工藤は、そこから自らの手で序列を変え、主力へと上り詰めた。大谷は「その姿を見ていた選手、スタッフは大勢いたので、工藤の姿勢に当時のチームが引っ張られた」と言う。大谷が11年のＪ1優勝の原動力に挙げる「チーム内の健全な競争意識」。そこに最初に火をつけたのは、間違いなく工藤だった。

13年のナビスコカップ決勝前日、工藤は「明日は僕がゴールを決めて、チームを優勝に導きます」とメディアに囲まれた中で宣言した。キャプテンの大谷が出場停止でピッチに立てなかったあの決勝では、工藤がエースとして力強くチームを引っ張り、タイトルをもたらす有言実行の一撃を放った。

「自分がやらなければいけないという責任感を持って、自分に対してプレッシャーをかけていたんだと思います。それを有言実行できるだけの力が工藤にはあったし、そういう言葉でチームを引っ張るという意識もあったと思うので、自分がチームを勝たせたいと心の底から思っていたからこその言動だと思います。エースと呼ばれる選手が点を取ることはチームにとって大切で、スタジアムの雰囲気も変えることができる。『レイソルのエースは工藤だ』と、選手からもサポーターからも認められて、工藤はその期待に応えようと日々努力していました。だからこそ彼のゴールは多くの人の心に響くし、スタジアムの雰囲気も変えてしまう。年齢は俺よりもだいぶ下ですけど、すごく頼もしかった。チームのために戦うという意識がものすごく強く、泥臭いことでも体を張りながら戦っていたので、工藤の姿勢は多くの人に影響を与えたと思います」

大谷は、これから指導者としての第二のサッカー人生を歩む上で、「工藤の責任感のあるプレー、サッカーとの向き合い方や思い、それらを受け継いで伝えていく」ことを自らの責務とした。

アカデミースタッフにとっての指標

大谷は中学1年から高校3年までの6年間をアカデミーで過ごした。アカデミー出身ゆえに、現在のアカデミーの選手、スタッフに与える影響力も大きい。

「プロになるだけでもすごいことなのに、タニはキャプテンになって、チャンピオンにもなって、

20年間も第一線に立ち続けていました。そういう選手がアカデミー出身だということは、僕らにとっても誇りです」

そう話すのは、レイソルU－18監督の酒井直樹である。酒井は大谷と同郷の流山市出身で、同じ初石少年サッカークラブからレイソルアカデミー（当時は日立サッカースクール柏）に入り、レイソルのトップチームへ駆け上がった。04年に指導者の道を歩み始めてからは、レイソルアカデミーで後進の育成にあたっている。

「タニはアカデミーで育って、トップチームに上がって、トップチームでも活躍し続けて、酸いも甘いもいろいろなことを経験しました。本当に真面目でストイックですし、僕らアカデミースタッフからすれば、彼のような選手を育てていけば、レイソルは安泰だと考えられるようになりました。ここまでレイソルを愛して、レイソルのことをよく考えて、それでいて自分のパフォーマンスに集中できる。他のチームにいることを想像すらできないほど、タニはレイソルにフィットしていますし、レイソルの歴史を語る上で彼の名前は永遠に出てきます。ただサッカーだけが上手くても、能力が高いだけでもいけない。そこにパーソナリティーが伴わなければいけない。そういう選手なら必ずレイソルに貢献してくれるということを学びました」

そして酒井は、「タニはアカデミースタッフにとっての指標です」とも言った。サッカーの実力に加え、メンタリティー、パーソナリティー、キャプテンシー、そして何よりもレイソルへの愛情と、チームのために戦う強い意志。大谷のようにそれらを兼ね備えた選手を輩出できれば、必ずトップチームの力になる。アカデミースタッフにとって、それは大きなテーマだろう。

その質問を、大谷とレイソルでプレーした経験を持ち、現在はU－18で育成に尽力する2人のコーチにも投げかけた。

「自分がアカデミーコーチになって、最初に意識したのはリーダーを育てることでした。1日練習を見ただけで『この子がこのチームのリーダーなんだな』とわかるんですが、その子に自覚を持たせる指導を常に心がけています。大谷秀和を超えるリーダーになるには素質もあるので難しい部分はありますが、トップチームへ送り込み、一回り大きくなってほしいと思っています」（藤田優人）

「タニくんを超える選手を育てることは、分厚くて高い壁ですけど、やるからには超える選手を育てなければいけないと思っています。それも一人だけではなく、何人も育ててこそレイソルはより強くなると思うので、アカデミースタッフ全員でそこをターゲットに置いてやっていきます。彼を超える選手を育てるためにも、僕も指導者として成長していけたらと思います」（染谷悠太）

また、GMの布部も「タニを目指す、タニを超えるという意識を持つ選手が一人でも多く出てくることで、レイソルの芯はより太くなると思います。タニは芯があるので、タニぐらいの個性を持ち、レイソルにとって欠かせない人材を育てたい」とクラブの強化を見据えている。

バンディエラたる所以

トップチームで大谷と同じ時間を過ごした現所属の若い選手たちは、彼の背中から学び、多大な影響を受けてきた。目標とする存在に大谷の名前を挙げる古賀や細谷は、その代表的な選手だ。

古賀は自身がプロキャリアをスタートさせた17年以降のいくつかの試合で、大谷の絶大な存在感を感じてきた。17年のJ1第5節・サンフレッチェ広島戦（○2－0）、同年の第7節・ヴィッセル神戸戦（○2－1）、21年のJ1第9節・ガンバ大阪戦（○1－0）を例に出し、「チームの結果が出なくて苦しいときに、ゴールを決めてチームを救ってくれたのは、いつもタニくんだった」と言う。23年からキャプテンを引き継いだ古賀は、腕章だけではなく、大谷が体現してきたものを受け継ぐ意志を示した。

「常に背中を見てきましたし、自分もキャプテンマークを巻くようになって、タニくんの偉大さを誰よりも感じています。タニくんのような存在感を放てる選手にならなければいけないし、ちゃんと受け継いでいかなければいけないと思っています。ゴールという形で貢献できればベストですけど、自分はディフェンダーなので、最後のところで守りきるとか、自分のところでリズムを作るとか、今まで以上に自分の力をチームに還元できるように意識してやっていきたいと思います」

パリ五輪世代期待のストライカーである細谷は、21歳にしてレイソルのエースとしての地位を確立しつつある。大谷の引退を機に、細谷の中でチームを引っ張るリーダーの意識が芽生え、彼が発する言動には以下のように責任感が表れている。

「タニさんからは振る舞いや人間性も学ばせていただいたので、個人的にはもっと現役でやってほしかったです。自分は少しでもタニさんに近づきたいので、タニさんを超えることを目標に置いてもいいと思っています。タニさんはいつもチームをまとめてくれました。どちらかというと自分はプレーで支えたり、プレーでチームに勢いをもたらすタイプなので、そうやってチーム全体をまとめるところに加わっていけたらと思います」

大谷を目標としているのは、古賀や細谷だけではない。引退セレモニーで流された映像には、レイソルの未来を担うU-12の選手たちから、「僕たちは、大谷選手を超えられるように頑張ります」というメッセージが届けられた。

自分を超えるという頼もしい目標を宣言した幼い後輩たちに、大谷が言葉を返す。

「僕は代表にも選ばれていないですし、今は多くの選手がレイソルから海外に羽ばたいて、代表に選出されたり、海外のトップリーグでプレーしているので、アカデミーの子どもたちにはそういう選手を目標にしてほしい。僕を超えていってほしい」

アカデミーで育った選手がトップチームへ昇格し、主力の地位まで上り詰めたとしても、在籍数年で海外のクラブへ引き抜かれることは、中期・長期スパンで強化を見据えるクラブ側にとっては大きな悩みどころだ。

大谷はそれに対する私見を述べる。

「そういう時代なので、それを含めて上手く対処できるチームが強くなっていくと思います。アカデミーには選手がたくさんいて、新しい選手がどんどんトップチームに上がってきます。もし海外移籍の話が持ち上がったとしても、『次にこの選手が控えているから行ってこい』と背中を押せるチームになってほしいですね。そういうチームが強くなると思います」

レイソルは、強く、愛されるクラブであってほしい。大谷の思いは、現役時代から何も変わっていない。そして、大谷が17年間背負ってきた7番は、レイソルにおいて特別な意味を持つ番号の一つになった。

かつては大谷自身が、移籍する明神に「俺に7番を譲ってもらえませんか?」と継承を懇願したように、背番号にはそのクラブが持つ歴史とストーリーが込められている。背番号7を、次の世代にどう受け継いでもらいたいか。

「7番はアタッカーも付けるし、ボランチはどちらかというと8番か6番を付ける選手も多い。レイソルではミョウさん(明神)が付けて、僕が付けて、ボランチが7番を付けるイメージがあるけど、付けたいと思う選手が付ければいいと思います。あとはクラブもいろいろな考えがある中で、どういう判断をするかになりますけど、そういう流れを汲んでアカデミー出身の中盤の選手が付けてくれたら、うれしい部分はもちろんあります。ただ、個人的には付けたいと思う選手が付ければいいと思います」

7年前のインタビューの中に、とある一文を見つけた。当時の彼が発した何気ない言葉には、レイソルのバンディエラたる所以が集約されていた。

「中学生のときからほとんど毎日ここに通っているから、日立台は我が家みたいな感じです。ここに来ない生活は考えられない。特別なものというよりは、当たり前のものですね」

大谷は22年シーズン限りでユニフォームを脱いだ。プロサッカー選手としての生活には区切りをつけたが、引退後はレイソルのトップチームコーチに就任し、第二のサッカー人生を歩み始めている。

２０２３年、大谷のレイソル在籍年数は27年になった。

2022年 11 月 5 日、ホーム最終戦後に引退セレモニーが行われ、家族とともに記念撮影。慣れ親しんだ日立台で、20 年のプロキャリアに幕を下ろした【Ⓒ J.LEAGUE】

声を出し、トレーニングを盛り上げる指導者１年目の大谷【©小山真司】

YONEX
LAWSON

トレーニング終了後、約半年前までチームメイトだった選手たちと【©小山真司】

エピローグ

前年まではチーム最年長、プロ20年目のベテラン選手という立場だったのが、２０２３年は指導者1年目の若手コーチになった。

1月10日、3日後のトレーニング本格始動に先立ち、チームは午前に結団式を行い、続いて集合写真、選手・スタッフのプロフィール写真を撮影した。コーチの大谷は、そこへ慣れ親しんだ選手用の黄色いトレーニングウェアではなく、スタッフ用の黒いウェアを着て現れた。

引退会見でも話していたとおり、現役のときにB級ライセンスまで取得している。21年の年末に、アカデミーグラウンドで高校生を相手に行った指導実践で感じたことを、大谷は話してくれた。

「高校生を指導したとき、プロの感覚とは違うんだなと思いました。ポゼッション、ゴール前の崩し、守備などいくつか項目がある中で、最後のゲームではゴールを意識させました。俺の感覚だと、このエリアからシュートを狙えるとか、クリス（クリスティアーノ）なら遠目からでも打ってくるとか……、そういったことが頭にあるけど、高校生たちにとっては、まだ距離が遠くてシュートという考えにならない。そういうのは年代に合わせて、コートのサイズや、オーガナイズを変えなければいけないんだなと感じました。すごく頭を使いますね」

ライセンス講習を経て、サッカーに対する考え方が変わったわけではない。それでも指導者目線が加わった現役最後の1、2年は、トレーニングの中でチームメイトのプレーを見て感じるものも多かった。

「一緒にプレーをしていて、それぞれの選手に対して思っていたことがあるから、こういう部分を改善すれば、もっと良くなるというところを伸ばしてあげたい。映像も使いながらフィードバックさせられたらいいと思っています」

引退直後には、指導者としての抱負も語った。

「どんな状況でも、多くの人から『レイソルを応援しよう』と思ってもらえるチームでなければいけないと思う。そのためには結果にこだわる必要があるし、指導者になるからには内容も追求したいと思います。でも、まずは監督のやりたいことがあるので、その大枠から外れてはいけない。その中で、選手をもっと良い選手にしてあげたいし、伸ばしてあげたい。それで選手たちが評価されると嬉しいですね」

始動時には少し違和感のあった黒のトレーニングウェア姿も、数カ月が経った今では日常と化した。トレーニングでの選手への細かなアドバイスや意識づけはもちろんのこと、全体練習終了後には選手とともに居残り練習に取り組む姿が見られる。若手選手たちに話を聞くと、「わからないことがあって聞きにいくと、タニさんはどんなことでも明確に教えてくれます」と評判は高い。

「指導者は面白いですよ。俺は、今は遠征に行かないから、こっちに残っている選手を見ることが多いんですけど、若い選手の成長をこの数カ月だけでも感じるし、メンバーに入れなかった選手の悔しい気持ちや葛藤を見ていて、今は言い過ぎてはいけないから放っておこうとか、そういうことを考えながらやっています。去年までの選手同士という関係と、今のコーチと選手という関係は全然違うので、選手へのアプローチの仕方は変わりました。そういうことも含めて、いろいろ勉強だなと思いながらやっています」

そう話す表情からは、引退した寂しさや現役への未練を全く感じさせず、指導者として充実した日々を過ごしていることがうかがえた。

ケガなど、選手の離脱状況によって、人数が揃わないときには大谷がトレーニングに加わることがある。いまだに右足首の痛みは癒えていないが、現役時代に抱えていたストレスからは解放された。

「毎日毎日、痛い思いをしながらプレーしたり、そのために最善の準備をしなくていいのは、気持ち的に楽になりました。この痛さに耐えながら毎日プレーをして、試合に出るためにみんなと競争するというのは、相当ストレスを抱えていたんだなって、辞めてからすごく感じます」

ボールを蹴るシチュエーションでは主に左足を使う。「左足の精度がどんどん上がっていますよ」と大谷は笑顔を見せた。

これからは、レイソルのトップチームでの指導に尽力しながら、ライセンスの取得に取り組む多忙な日々が続く。Jクラブの監督ができるS級ライセンスの取得までの道のりは、まだまだ長い。

大谷が師と仰ぐ石﨑信弘は、「ぜひ、レイソルの監督をやってもらいたいね」と、指導者としての未来に期待を込めた。ガンバ大阪ユースでコーチを務める先輩の明神智和に「明神監督と大谷監督の対決」という話題を振ったところ、「そんな未来がきたら、それをネタにまた美味しいお酒が飲めそうです」と、嬉しそうに話した。

大谷は「監督を目指すかどうかは、まだ言いきれない部分がある」と言う。このまま指導者を目指す意志が固まったとしても、監督ではなくコーチに向いているかもしれない。また、「フロントや強化部でクラブをマネジメントする仕事にも興味がある」とも話している。

踏み出したばかりのセカンドキャリア。「引退したときにいくつかの選択肢を持っておきたい」

との自身の言葉どおり、今はその選択肢の一つである指導者という立場で、第二のサッカー人生を模索している。

ただ、大谷と近しい人たちは皆、決まってこう言う。

「タニなら、どの道に進んでも、きっと良い未来が待っているんじゃないかな」

現役を引退してすぐ、2023 年から柏レイソルのトップチームコーチを務める大谷。
井原正巳監督（左）らとともに選手たちの指導にあたっている【©小山真司】

著者あとがき

大谷秀和は、20年に及ぶ私のライターとしてのキャリアにおいて、最も取材をして、最もインタビューを行い、最も会話をした選手である。ただ、練習後や試合後の取材で頻繁に顔を合わせていたせいか、初めて会ったときのことは覚えていない。20年以上も前のことなので無理もないが、大谷からしても当時の私は、日立台の練習場やスタジアムに取材に来ているメディアの一人、きっとそんな認識だったと思う。

記憶していることといえば、本書の中で石﨑信弘氏も指摘しているとおり、大谷は若い頃から落ち着いており、メディア対応での受け答えも10代の若者にしては驚くほどに丁寧だった。もちろん年齢を重ねていくごとに成長し、大勢の人との出会いやピッチ内外における経験を通じて成熟していったのは言うまでもないが、根本的な人間性の部分は20年前と今とで、ほとんど変わっていない印象がある。

勝敗に関係なく、大谷は試合後には必ず取材に応じ、たとえその試合がどんなに乏しい内容であったとしても、克明に試合を振り返り、チームを代表して責任のある言葉を発信してくれた。だからこそ、私も大谷の話を必ず聞くようにした。常にレイソルのために戦い、キャプテンとして自分が盾になってチームを守りながらも、時にはチームに苦言を呈し、そればかりか自分自身にも矢印を向けて厳しい言葉を述べる。そんな彼の姿勢や振る舞いからは、私自身も学ぶものが多かった。

取材で見聞きしたものは、必ずしも全てが世に出るわけではない。むしろ時間と経費をつぎ込んでも結局は記事にならなかったというケースは、我々のようなフリーランスのライターにとっては日常茶飯事である。それを承知でJリーグの試合や、キャンプの取材で全国各地を飛び回った。ACLのアウェーゲームも全試合現地で取材をした。ライターとしては凡庸な私がこの世界で生き残るために、誰よりも現場に通い、選手の生の声を取材することで、それを自分の強みにしようと取り組んできたつもりだ。今回、長年に渡る地道な取材活動がこうして実を結んだことに喜びを感じている。

この20年間、選手とメディアという間柄ではあるものの、大谷とは同じ時間を共有してきた。大谷がデビューした2003年に、私がレイソルの取材を開始したのも何かの縁だろう。こんなことを言うのもおこがましいが、私にとって大谷は取材対象者という域を越え、タイトル獲得、J2降格、アジアでの過酷な戦いなど、数々の苦楽を乗り越えてきた戦友という感覚がある。

そして、柏レイソルというクラブにとって、後世にまで語り継がれていくであろう、大谷秀和というバンディエラの書籍を手がけられたことを光栄に思う。

また、本書を執筆するにあたり、大谷本人をはじめ、レイソルのクラブ関係者、ヴァンラーレ八戸監督の石﨑氏、ガンバ大阪ユースコーチの明神智和氏、プロフェッショナルレフェリーの福島孝一郎氏など、取材にご協力いただいた方々には、この場を借りて感謝を申し上げたい。

最後に、『ジーザス・クライスト・スーパースター』を原曲にした大谷のチャントを、日立台で再び聴くことができる未来に期待を込めて。

2023年8月吉日／鈴木 潤

	Jリーグカップ		天皇杯		AFC チャンピオンズリーグ		FIFAクラブ ワールドカップ	
	出場	得点	出場	得点	出場	得点	出場	得点
	5	0	0	0	—	—	—	—
	4	1	1	0	—	—	—	—
	2	0	2	2	—	—	—	—
	—	—	0	0	—	—	—	—
	2	0	1	0	—	—	—	—
	5	0	4	0	—	—	—	—
	3	0	2	0	—	—	—	—
	—	—	3	0	—	—	—	—
	2	0	3	0	—	—	4	0
	4	0	6	0	6	0	—	—
	4	0	2	0	9	0	—	—
	10	0	2	1	—	—	—	—
	0	0	3	0	9	1	—	—
	4	0	2	0	—	—	—	—
	0	0	3	0	—	—	—	—
	3	1	2	0	6	0	—	—
	1	0	1	0	—	—	—	—
	3	0	—	—	—	—	—	—
	1	0	1	0	—	—	—	—
	3	0	0	0	—	—	—	—
	55	2	34	3	30	1	4	0
	1	0	4	0	—	—	—	—

大谷秀和　プロキャリア

年度	所属	背番号	カテゴリー	Jリーグ	
				出場	得点
2003	柏	23	J1	4	0
2004	柏	23	J1	16	1
2005	柏	23	J1	20	3
2006	柏	7	J2	29	1
2007	柏	7	J1	31	0
2008	柏	7	J1	33	3
2009	柏	7	J1	20	1
2010	柏	7	J2	35	2
2011	柏	7	J1	27	0
2012	柏	7	J1	31	1
2013	柏	7	J1	31	0
2014	柏	7	J1	30	0
2015	柏	7	J1	31	2
2016	柏	7	J1	20	1
2017	柏	7	J1	32	5
2018	柏	7	J1	25	0
2019	柏	7	J2	30	0
2020	柏	7	J1	23	2
2021	柏	7	J1	6	1
2022	柏	7	J1	4	0
通算成績			J1	384	20
			J2	94	3

※J1・J2入れ替え戦:2試合0得点、フジゼロックススーパーカップ:2試合0得点、
スルガ銀行チャンピオンシップ:1試合0得点

プロフィール **大谷秀和** おおたに・ひでかず

1984年 11月 6日、千葉県流山市出身。小学 1年生のときに初石少年サッカークラブでサッカーを始め、4年生から流山 FCでもプレーした。中学 1年生のときに柏レイソルジュニアユースに加入。ユースでもプレーし、2003年にトップチーム昇格を果たした。同年 3月の J1リーグ開幕戦でデビューを飾り、04年10月にプロ初ゴールをマーク。06年に背番号を「23」から「7」へ変更。08年にキャプテンに就任した。10年にJ2リーグで優勝し、J 1 昇格を決めると、翌11年にJ 1 初優勝を果たし、Jリーグ優秀選手賞も獲得した。12年度は天皇杯、13年にはヤマザキナビスコカップも制した。17年4月にクラブ史上初のJ1通算300試合出場、20年12月にクラブのリーグ戦最年長出場記録を更新した。22年10月31日、同シーズン限りで現役を引退することを発表。指導者の道に進み、現在はトップチームでコーチを務めている

著者プロフィール **鈴木 潤** すずき・じゅん

1972年生まれ、千葉県出身。2002年にフリーランスライターへ転身後、ユース・高校年代を取材する傍ら、03年から柏レイソルの取材を開始。08年からはクラブ公式メディアにも携わる。14年には自身の責任編集によるウェブマガジン「柏フットボールジャーナル」を立ち上げ、日々の取材で得た情報を発信中。編集協力として酒井宏樹著『リセットする力』（KADOKAWA）がある

バンディエラ

大谷秀和《おおたにひでかず》

“柏《かしわ》レイソルの象徴《しょうちょう》”が過《す》ごした日立台《ひたちだい》でのサッカー人生《じんせい》

2023年8月31日　第1版第1刷発行

著　者　鈴木《すずき》 潤《じゅん》

発行人　池田哲雄

発行所　株式会社ベースボール・マガジン社

〒103-8482

東京都中央区日本橋浜町 2-61-9 TIE 浜町ビル

電話 03-5643-3930（販売部）

03-5643-3885（出版部）

振替口座 00180-6-46620

https://www.bbm-japan.com/

印刷・製本／共同印刷株式会社

ISBN 978-4-583-11632-7 C0075